SketchUp
ベストテクニック
120

JN090748

山形雄次郎＋スケッチアップ・ユーザーグループ 著

SketchUpを使いこなすための
基本・応用テクニック！

X-Knowledge

本書利用上の注意

■本書の記載内容は2021年1月時点での情報です。以降に製品またはホームページなどの仕様や情報が変更されている場合があります。また、本書を運用した結果については、当社および著者は一切の責任を負いかねます。本書の利用については個人の責任の範囲で行ってください。

■本書はパソコンやWindowsの基礎知識があり、SketchUpの操作経験がある方を対象としています。SketchUpを初めて操作される方は、市販の解説書などを利用して基本操作を習得してください。

■本書はWindows にインストールしたSketchUp Pro 2021で執筆しています。SketchUp ProにはMac版もありますが、本書はWindows版で解説します。Mac版については、部分的に補足を追加しています。なお、SketchUp Pro以外のSketchUp製品には対応していません。

■SketchUpおよびSketchUp Proは米国のTrimble社の商標または登録商標です。

■その他、本書に掲載されたすべての製品名、会社名などは、一般に各社の商標または登録商標です。

本書の表記について

■ 本書記載の「図形」とは、線や面などの2D図形を指します。

■「コンポーネントなど」と記載された項目は、グループとコンポーネントの両方に対応しています。

■ SketchUp 2020から「レイヤ」の名称が「タグ」になりました。本書も「タグ」と表記しています。

はじめに

SketchUpには、バージョン3の時に出会いました。

それまでも3Dソフトには関心があり、Form-ZやVectorWorksなどを使っていましたが、SketchUpのプッシュプルツールを見て大変感動し、それ以来SketchUpを使ってきました。

SketchUpは3D画面を切り替えることなく直感的な操作でモデル作成でき、かつツールが少ないので覚えやすいという特徴があります。そのため、それまで3D専門の人がやっていたパース作成を、建築士自身ができるようになった画期的な3Dソフトです。

SketchUpのマニュアル本はこれまで何冊か出版されていますが、基本操作を一通りマスターされた人を対象に、もっと効率の良い操作方法の紹介や、初級の方がぶつかる様々な疑問に答えるような内容のSketchUp中級本として、2016年に「SketchUpベストテクニック100」を執筆しました。その後のバージョンアップを踏まえ、全面的な見直しをして項目も100から120に増やし、今回「SketchUpベストテクニック120」として出版することとなりました。

どの項目から読まれても良いようになっていますが、基本的な操作のマニュアルは省略していますので、ご了承ください。

この本によって、SketchUpをさらに便利に使い、3Dの醍醐味を味わって頂ければ幸いです。

山形雄次郎＋スケッチアップ・ユーザーグループ

contents

contents

chapter4 実践テクニック 155

contents

デザイン ········· カインズ・アート・アソシエイツ

DTP ············· トップスタジオ

chapter 1

基本操作・表示・設定

瞬時に画面移動する

Shift キーとホイールボタンを押しながら画面をドラッグすると [パン] ツールと同じ動きができますが、ドラッグする分、少し手間がかかります。画面の中心にしたい箇所でホイールボタンをダブルクリックすると、瞬時にその箇所を中心とした画面移動ができます。

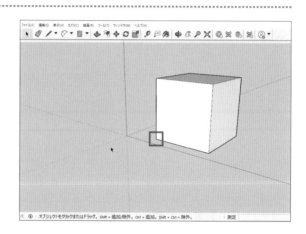

01 画面中央に移動させたいところ（ここでは左下角）にマウスポインターを合わせ、ホイールボタンをダブルクリックします。

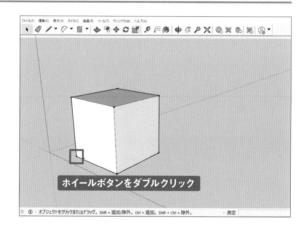

ホイールボタンをダブルクリック

02 瞬時にマウスポインターを合わせた箇所が画面中央になるよう移動します。

memo [オービット] ツール、[パン] ツール、[ズーム] ツールを使用しているときは、左ボタンのダブルクリックでも同じように中央に画面移動できます。

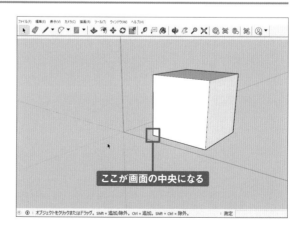

ここが画面の中央になる

ツールバーの表示／非表示をすばやく切り替える

ツールバーの表示／非表示は、[表示] メニューの [ツールバー] を選択すると表示されるダイアログで切り替えられますが、ツールバーを右クリックして表示されるメニューを使うと、すばやく表示／非表示を切り替えられます。この機能はWindowsのみ有効です。

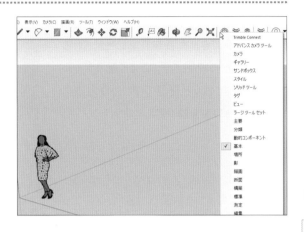

01 ツールバーにマウスポインターを合わせ、右クリックします。メニューから表示させたいツールバー（ここでは[ギャラリー]）を選択します。

> **memo** チェックが付いているものが現在表示されているツールバーです。チェックが付いているツールバーを選択すると非表示になります。

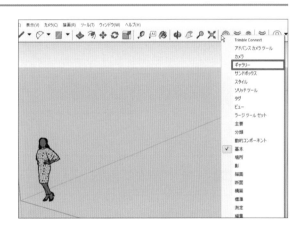

02 選択したツールバーが表示されます。

> **memo** 作業画面内でホイールボタンを押しながら右クリックすると、カメラ関連のメニューが表示されます。

よく使うツールを
ツールバーに追加する

既存のツールバーによく使うツールを追加
することができます。初期設定で表示される
［基本］ツールバーなどに、よく使うツール
を追加しておくと便利です。この方法は
Windowsのみ有効です。

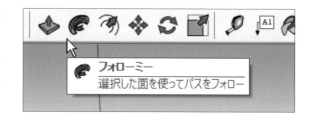

01

追加したいツールがあるツールバー
を表示した状態で、［表示］メニュー
の［ツールバー］を選択し、［ツール
バー］ダイアログを開きます。この状
態でカスタマイズが可能になり
ます。

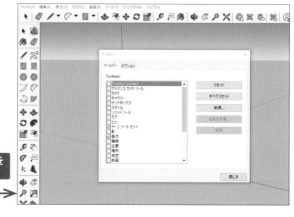

追加したいツールがあるツールバーを
表示しておく

02

Ctrl キーを押しながら、追加したい
ツール（ここでは［フォローミー］
ツール）を任意のツールバーへド
ラッグします。ツールが追加された
ら、［ツールバー］ダイアログの［閉
じる］をクリックしてダイアログを閉
じます。

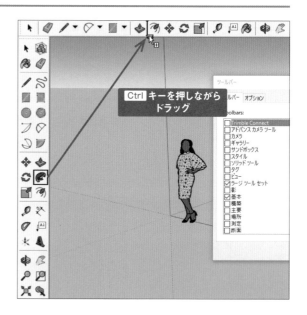

Ctrl キーを押しながら
ドラッグ

memo Ctrl キーを押さずにドラッグする
と、元のツールバーからそのツールが
消えてしまうので注意してください。失
敗した場合は、［ツールバー］ダイア
ログでそのツールバーを選択（チェッ
クを入れる）して、［リセット］ボタン
をクリックすれば元に戻せます。

新しいツールバーをつくる

前項のようにツールのコピーがかんたんに
できるので、よく使うツールだけを集めた新
しいツールバーもつくれます。これも
Windowsのみの機能です。

SketchUp ベストテクニック120 ● 基本操作・表示・設定

chapter
1

モデルの作成
2

モデルの表現
3

実践テクニック
4

便利な拡張機能
5

01 前項の手順01と同じように、追加し
たいツールがあるツールバーを表示
した状態で、[表示] メニューの
[ツールバー] を選択し、[ツール
バー] ダイアログを開きます。[新規]
ボタンをクリックすると [Toolbar
Name] ダイアログが表示されるの
で、名前 (ここでは「オリジナル」)を
入力して [OK] ボタンをクリックし
ます。

02 何もツールがない新しいツールバー
が作成されます。Ctrl キーを押し
ながら表示しているツールバーの任
意のツールをドラッグして、新しい
ツールバーに追加します。すべて追
加し終えたら、[ツールバー] ダイア
ログの [閉じる] ボタンをクリックし
てダイアログを閉じます。

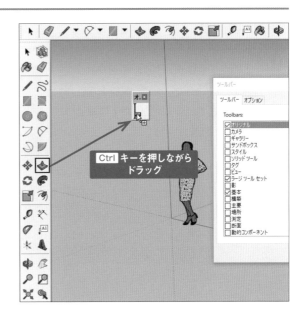

Ctrl キーを押しながら
ドラッグ

ズームできないときの対処法1

コンポーネントなどをズームしようとしたとき、これらが画面から消えてしまい、どこにあるかわからなくなることがあります。このようなときは極端に遠い位置に別の図形やコンポーネントなどが存在していないかを確認しましょう。遠い位置にコンポーネントなどがある場合は、それを削除すると解決することがあります。

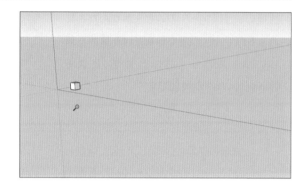

01 [全体表示] ツールをクリックして全体を表示させます。原点から遠い位置にある図形やコンポーネントなどを選択して削除します。

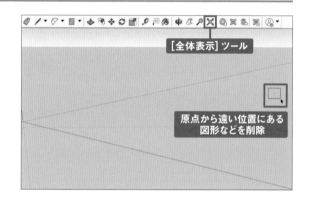

[全体表示] ツール

原点から遠い位置にある
図形などを削除

02 再度 [全体表示] ツールをクリックすると目的のコンポーネントなどが表示され、ズーム操作ができるようになります。

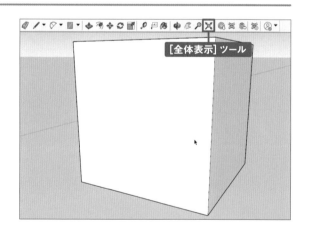

[全体表示] ツール

memo CADデータを取り込んだときに、データに含まれている遠方の小さな図形やコンポーネントなどが原因でズームできなくなることがあります。これらが必要なデータで削除できない場合は、次ページの「ズームできないときの対処法2」を試してみてください。

ズームできないときの対処法2

大きなコンポーネントなどを表示している
ときやデータの一部が遠くにあるとき、ズー
ムするとコンポーネントなどの手前部分が
欠けて見えなくなることがあります。このよ
うな場合は［平行投影］に設定すると解決
することがあります。

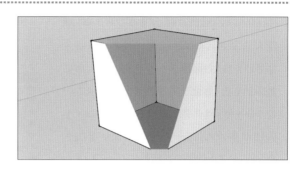

---

01 ［カメラ］メニューの［平行投影］を
選択します。

---

02 ［全体表示］ツールをクリックして画
面全体を表示します。

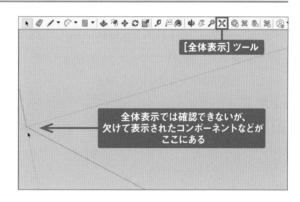

［全体表示］ツール

全体表示では確認できないが、
欠けて表示されたコンポーネントなどが
ここにある

---

03 コンポーネントなどのズーム操作が
できるようになり、手前部分も正し
く表示されるようになります。

memo その他、［平行投影］から［遠近法］
へ変更したり、［視野］の数値を標
準の35度に戻すと正しく表示される
場合があります。

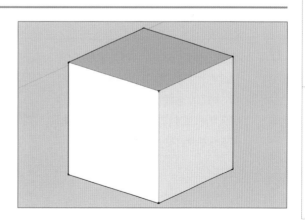

タグフォルダでタグを整理する

SketchUp 2021から、「タグフォルダ」機能が追加されました。たとえばレイヤで分類されたCAD図面データをSketchUpに読み込むと、図面データ側で分類されていた「レイヤ」はタグに変換されます。レイヤの数が多ければ、その分のタグが追加され、タグリストは煩雑な状態になっていました。このような増えすぎたタグを整理できるのが、タグフォルダです。タグフォルダごとに表示／非表示の設定もできます。

01 ここではCADデータを読み込んだときに作成されたタグをタグフォルダにまとめます。デフォルトのトレイの [タグ] を開き、読み込まれたタグをすべて選択して [タグフォルダを追加] ボタンをクリックします。

memo この操作はSketchUp 2021以降のバージョンに対応しています。

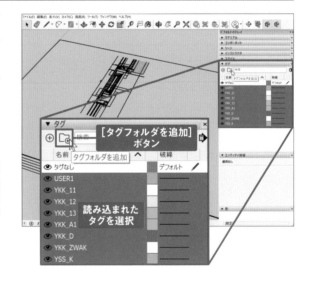

02 選択したタグの上にタグフォルダが作成されます。フォルダ名をクリックして適当な名前（ここでは「LINE」）を入力します。タグフォルダには展開を示す▼が表示されます。

03

タグフォルダの▼をクリックすると
フォルダが閉じ、リストにタグが表
示されなくなりました。これで選択
したタグがタグフォルダ内に移動し
ていることがわかります。

04

タグフォルダの目のアイコンをク
リックして非表示にすると、フォル
ダ内のタグに属する図形は個別の
表示／非表示設定にかかわらず、ま
とめて非表示になります。

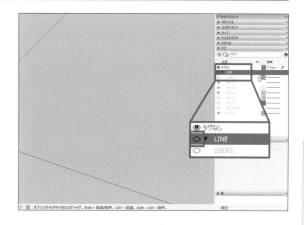

05

タグフォルダが表示の状態であれ
ば、フォルダ内のタグの非表示設定
は反映されます。

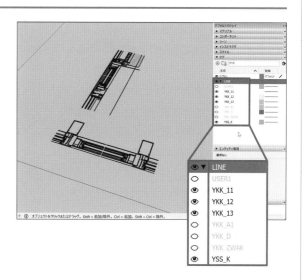

SketchUp ベストテクニック120　基本操作・表示・設定

chapter 1

モデルの作成 2

モデルの表現 3

実践テクニック 4

便利な拡張機能 5

編集中のコンポーネント以外を非表示にする

他のコンポーネントなどを非表示にして編集中のコンポーネントだけを表示したいときは、[モデル内の残りを非表示] や [類似コンポーネントを非表示] を使うと、編集中のコンポーネント以外を非表示にできます。なお、「類似コンポーネント」とは同一定義のコンポーネントのことです。

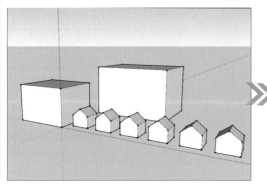 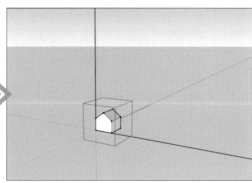

01 編集したいコンポーネントをダブルクリックして編集モードにします。[表示] メニューの [コンポーネント編集] － [モデル内の残りを非表示] を選択すると、編集中のコンポーネント以外は非表示になります。編集中のコンポーネントと同じコンポーネントは表示されたままです。

memo [モデル内の残りを非表示] は、グループにも適用できます。

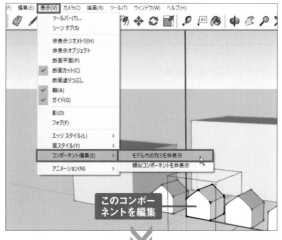

このコンポーネントを編集

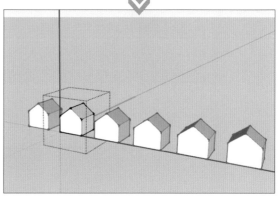

02

編集中のコンポーネント以外の同じコンポーネントを非表示にしたいときは、[表示] メニューの [コンポーネント編集] − [類似コンポーネントを非表示] を選択します。

SketchUp ベストテクニック120 ● 基本操作・表示・設定

chapter 1

モデルの作成 2

モデルの表現 3

実践テクニック 4

便利な拡張機能 5

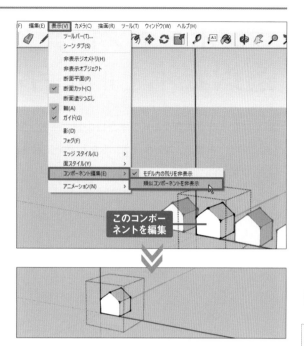

> **memo** 編集中のコンポーネント以外のものは、表示されていたほうが良い場合とそうでない場合があり、その切り替えが頻繁に生じます。[モデル内の残りを非表示] と [類似コンポーネントを非表示] はショートカットキーに登録（P022参照）しておくと便利です。

03

編集モードを終了すると、非表示になっていたコンポーネントなどがすべて表示されます。

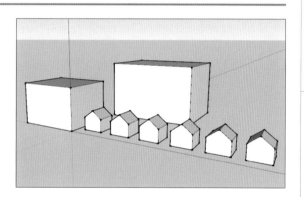

> **memo** [モデル内の残りを非表示] と [類似コンポーネントを非表示] の設定は編集モードを解除した後も残り、次にコンポーネントを編集するときも自動的に他のコンポーネントなどが非表示の状態になります。設定を継続させたくない場合は [表示] メニューの [コンポーネント編集] でこれらのチェックをはずしておきましょう。

column　編集中以外のコンポーネントなどの表示調整

[ウィンドウ] メニューの [モデル情報] で表示される [モデル情報] ダイアログの [コンポーネント] で、[類似コンポーネントをフェード] と [モデルの残りをフェード] のスライダーを動かすと編集中以外のコンポーネントなどの表示の明暗（シャープさ）を調整できます。[非表示] にチェックを入れると編集中以外のコンポーネントなどが表示されなくなります。

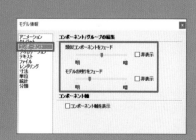

コンポーネントなどの
選択表示を形に合わせる

斜めになった立体をグループまたはコンポーネントにすると、選択表示が軸に沿った直方体になります。このような場合、コンポーネントなどの中に軸を設定するとその形状に合わせた選択表示にすることができます。

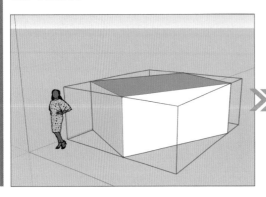 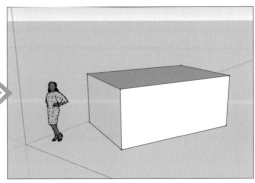

01 ここでは斜めに配置されたグループを[選択]ツールでダブルクリックして編集モードにします。グループ選択枠が点線で表示されます。

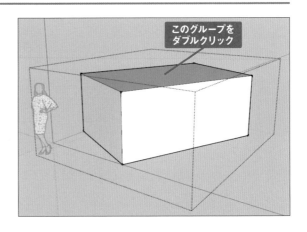

このグループを
ダブルクリック

02 [ツール]メニューの[軸]を選択します。

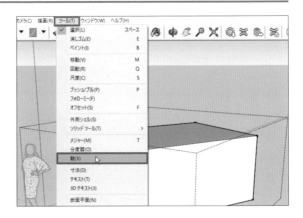

03

マウスポインターが軸形状になります。ここではグループ図形の手前下角の端点にマウスポインターを合わせてクリックし、赤い軸と緑の軸を底辺のエッジに合わせます。

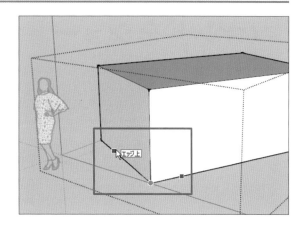

04

編集モードを終了して改めてグループを選択すると、選択表現が形にぴったりと合うようになります。

memo

グループやコンポーネントにテクスチャを割り当てる場合も、この軸の方向に沿ってテクスチャが貼り付けられます。軸に沿った直方体を作成し、グループにしてから回転した場合は、最初から形に合った選択表示になります。

SketchUp ベストテクニック120　●　基本操作・表示・設定

chapter
1

モデルの作成
2

モデルの表現
3

実践テクニック
3

便利な拡張機能
5

コマンドをショートカットキーに割り当てる

よく使うコマンドはショートカットキーとして登録しておくと便利です。コマンドのショートカットキー設定は、[SketchUpの環境設定] ダイアログでおこないます。

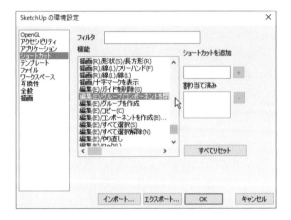

01 [ウィンドウ] メニューの [環境設定]（Macでは [SketchUp] メニューの [SketchUpの環境設定]）を選択します。

02 [SketchUpの環境設定] ダイアログが開きます。左の欄で [ショートカット]、[機能] から登録したいコマンド（ここでは [編集(E)/グループ/コンポーネントを閉じる]）を選択します。

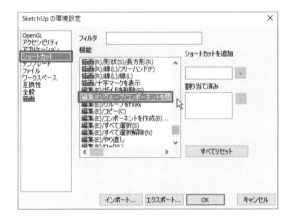

memo [グループ/コンポーネントを閉じる] をショートカットキーに登録しておくと、何層にもなった深いグループの編集モードを終了するときに、すばやく終了できて便利です。

03 ［ショートカットを追加］の欄をク
リックして、キーボードから設定し
たいショートカットキーを押します
（ここでは **Alt** キー＋ **Z** キー）。
キーの表示を確認して［＋］ボタン
をクリックします。

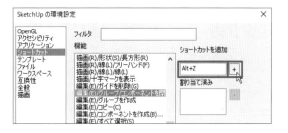

04 キー表示が［割り当て済み］に設
定されたのを確認し、［OK］ボタ
ンをクリックします。

05 ［編集］メニューを開くと、［グルー
プ／コンポーネントを閉じる］に
ショートカットキー「Alt+Z」が
設定されていることが確認でき
ます。

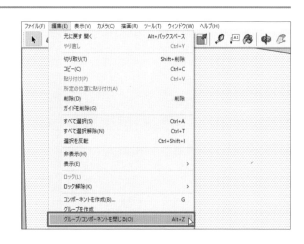

> **memo** ［SketchUpの環境設定］ダイアログの［インポート］
> と［エクスポート］ボタンで、ショートカットの設定
> ファイル「環境設定」.datの読み込みと書き出しがで
> きます。これらはWindowsのみの機能でMacにはあ
> りません。コマンドによっては「環境設定」.datに保
> 存されないものもあります。また、「環境設定」.datに
> はショートカットの設定以外に、［システム環境設
> 定］の［ファイル］のフォルダ設定も保存されます。

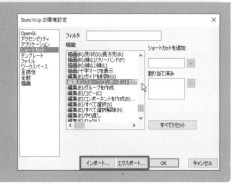

移動する軸方向を
一発で固定する

コンポーネントなどを移動する操作は推定
方向が表示されたときに Shift キーを押
すと、その軸方向を示す線が太くなり、移動
をその方向に固定できますが、推定方向が
表示されるまでカーソルを動かしながら微
調整しなくてはなりません。移動時に矢印
キーを使うと、軸方向を一発で固定するこ
とができます。

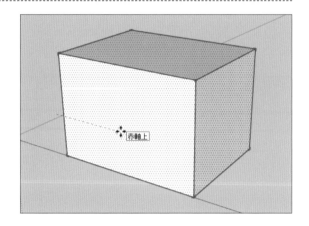

01 [選択]ツールで移動したいコンポー
ネントなどを選択します。

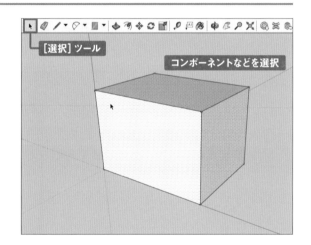

02 [移動]ツールをクリックして任意の
位置をクリックします。

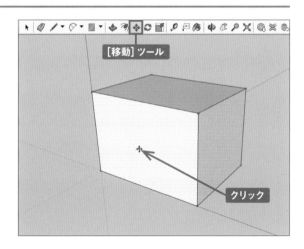

03 矢印キーを押すと、移動がそのキーに応じた軸方向に固定されます。

・ ⮕ （右矢印）キー＝「赤軸上」

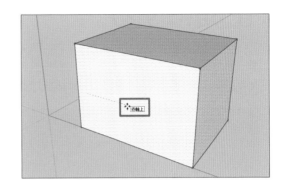

・ ⬅ （左矢印）キー＝「緑の軸上」

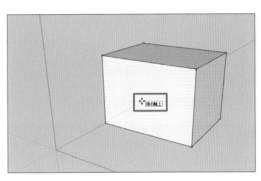

・ ⬆ （上矢印）キー＝「青い軸上」

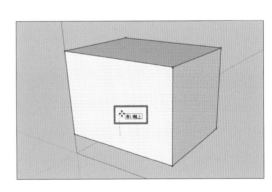

memo 手順02で任意の位置をクリックする前に、そのコンポーネントなどの近くにある直線にマウスポインターを乗せ（クリックはしない）、下矢印キーを押すと、移動がその直線の方向に拘束されます。さらに下矢印キーを押すと直線に平行に移動し、もう一度下矢印キーを押すと直線の直交方向に移動します。そのあとに下矢印キーを押すと拘束が解除されます。

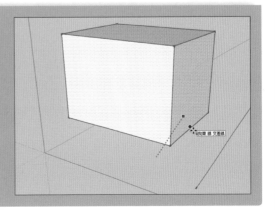

SketchUp ベストテクニック120 ● 基本操作・表示・設定

chapter 1

モデルの作成 2

モデルの表現 3

実践テクニック 4

便利な拡張機能 5

軸に平行でない面を
正面にする

軸に平行な面は［カメラ］メニューの［標準ビュー］－［正面］などで正面に表示できますが、軸に平行でない面はこの方法では正面になりません。このようなときは［ビューを揃える］を使います。

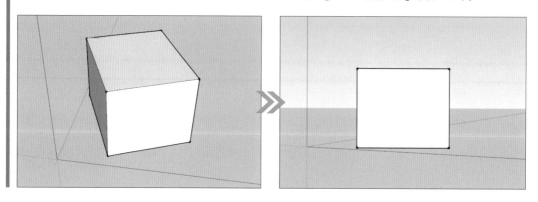

01 ［選択］ツールで正面にしたい面をク
リックします。

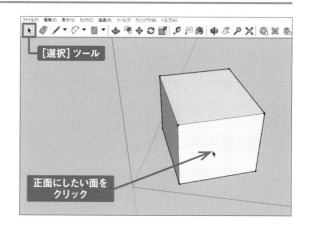

02 右クリックして表示されたメニュー
から［ビューを揃える］を選択します。

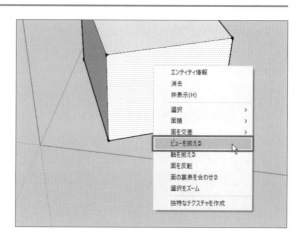

03

選択した面が正面になります。

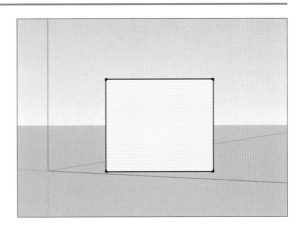

SketchUp ベストテクニック120 ● 基本操作・表示・設定

chapter
1

モデルの作成
2

モデルの表現
3

実践テクニック
4

便利な拡張機能
5

---

column　　**面を軸に合わせる／元の状態に戻す**

面に軸を合わせるときは面を選択し、右クリックして表示されたメニューから［軸を揃える］を選択します。元の状態に戻すには、いずれかの軸を右クリックして表示されたメニューから［リセット］を選択します。

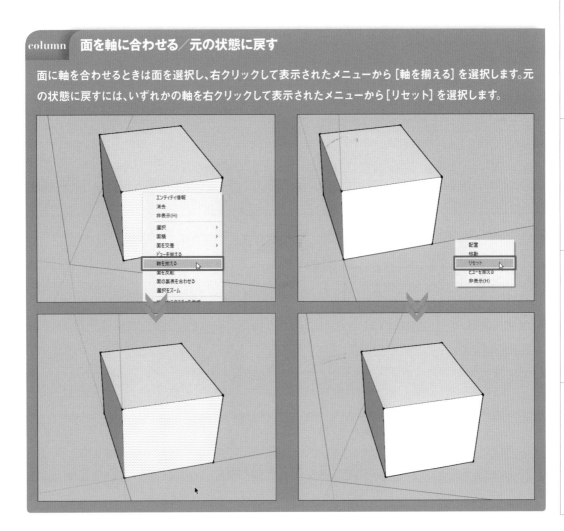

真上から見る

[ビュー] ツールバーの [平面] ツールなどで
上から見た表現にできますが、表示が [遠
近法] になっていると正確に真上から見た
図にはなりません。[平行投影] に切り替え
ると真上から見た図になり、配置図や平面
図などの図面表現も可能です。

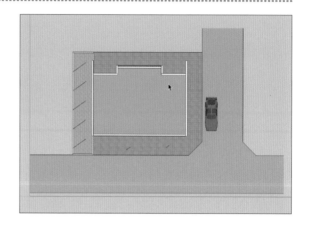

01

いずれかの軸の上で右クリックして
表示されたメニューから [ビューを
揃える] を選択します。

> **memo** どの軸をクリックしても青い軸に
> ビューが揃います。

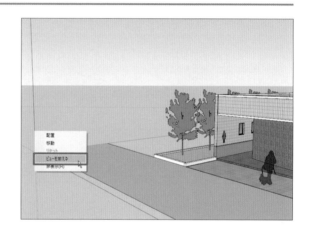

02

上から見た図になりますが、よく見
ると平行な状態になっていません。

> **memo** 軸を基準とした [ビューを揃える]
> は、[ビュー] ツールバーの [平面]
> ツールや [カメラ] メニューの [標準
> ビュー] － [平面] と同じ状態にでき
> ます。ただし、この方法だと原点が作
> 業画面の中心になります。

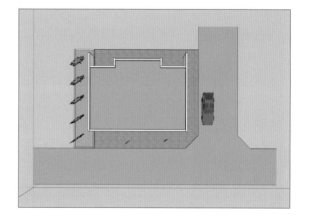

03 [カメラ] メニューの [平行投影] を選択します。

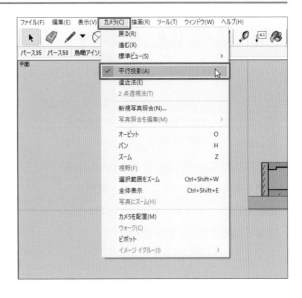

04 正確に真上から見た図になります。

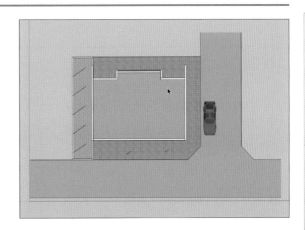

memo ここではビューを平面にしてから[平行投影] の設定をしましたが、先に[平行投影] の設定をしてビューを平面にしても結果は同じです。

memo 立面図なら [平行投影] に設定し、[ビュー] ツールバーの [正面] ツールをクリックして作成できます。また、グループやコンポーネントになっている場合は、グループやコンポーネント内で正面にしたい面を選択して、ビューを揃えることも可能です。

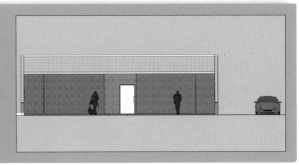

端点に確実にスナップする

コンポーネントなどを移動しようとしたとき
に、条件によってはかんたんにスナップで
きるはずの端点のスナップがきかないとき
があります。そんなときは [X線] 表示にし
て移動します。[X線] 表示になっていると
確実に端点にスナップできます。

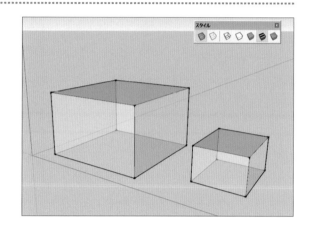

01 [スタイル] ツールバーの [X線] ツー
ルをクリックして、面が透けた表示
にします。[選択] ツールで移動させ
たいコンポーネントなど (ここでは
右の直方体) を選択します。

> **memo** [スタイル] ツールバーが表示されて
> いないときは、P011の方法で表示さ
> せてください。

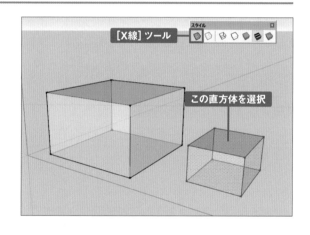

[X線] ツール

この直方体を選択

02 [移動] ツールをクリックします。移
動させたいコンポーネントなどの端
点をクリックします。

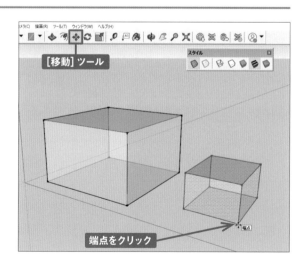

[移動] ツール

端点をクリック

03 移動先のコンポーネントなどの端点
をクリックします。

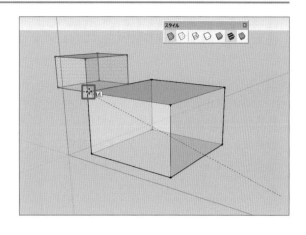

04 [スタイル] ツールバーの[X線] ツー
ルをクリックして、元に戻します。端
点に接した状態で移動していること
が確認できます。

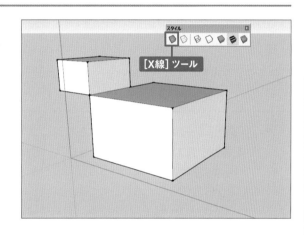

[X線] ツール

---

column 2020バージョンからスナップがX線表示に

SketchUp 2020からコンポーネントなどの
奥の角にマウスポインターを近づけると、自
動的にX線表示になり、正確にスナップでき
るようになりました。移動が終了すると自動
的に元の表示に戻ります。

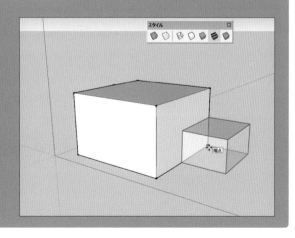

長方形の中心にスナップする

長方形の中心を基準に移動したいときは、対角線などの補助線を引かなくても、推定機能［点から軸方向］を使えば長方形の中心にスナップすることができます。

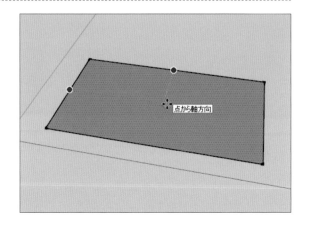

01 ［選択］ツールで移動したい長方形を選択します。［移動］ツールをクリックします。

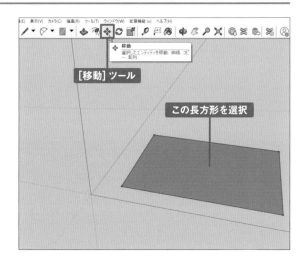

02 一辺の「中点」と表示されるところにマウスポインターを合わせます（クリックはしません）。

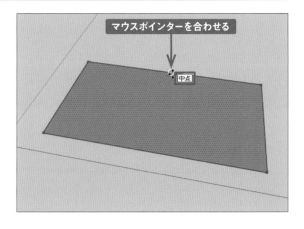

03 同様に直交するもう一つの辺の「中点」と表示されるところにマウスポインターを合わせます（クリックはしません）。

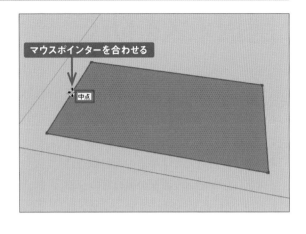

マウスポインターを合わせる

中点

04 マウスポインターを長方形の中央付近に移動し、［点から軸方向］と表示され、2つの中点から推定線が出るところでクリックします。これで長方形の中心が移動の基準点として選択されます。

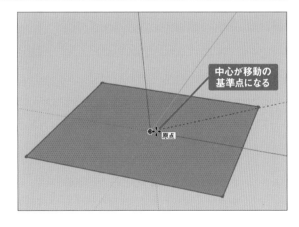

クリック

点から軸方向

05 移動先の点をクリックすると、長方形の中心を基準にして移動できます。

memo 軸に対してすでに回転している長方形や、［回転長方形］ツールで作成した長方形では、この機能は使用できません。

中心が移動の基準点になる

原点

選択ミスを防ぐ

ドラッグによる範囲指定で図形を選択すると、思ってもいない図形を選択してしまうときがあります。たとえば手前の面の窓だけを選択したつもりが、裏側の面の窓の一部も選択してしまう場合などです。そんなときは［X線］ツールを使います。

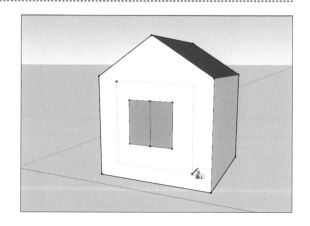

01 ［スタイル］ツールバーの［X線］ツールをクリックします。面が透けて裏側の線が見えるようになります。

memo ［スタイル］ツールバーが表示されていないときは、P011の方法で表示させてください。

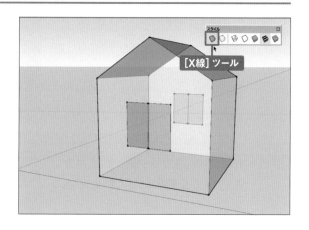

02 正面の窓だけを選択したいときは裏側の線と重ならないよう［オービット］ツールなどで向きを変えます。線が重ならないところで正面の窓だけを選択します。選択が終了したら、［X線］ツールをクリックして元の表示に戻します。

設定単位とちがう単位で入力

長さなどの数値を値制御ボックスに入力するときには、[ウィンドウ] メニューの [モデル情報] － [単位] で設定された単位が表示されますが、数値入力時にm（メートル）やcm（センチメートル）、mm（ミリメートル）などの単位を付けると、上記の設定にかかわらずその単位で入力できます。

01　「mm」が基本単位に設定されたファイルで、[線] ツールをクリックし、それぞれ値制御ボックスに「1000」（mm）、「100cm」、「1m」と入力して3本の直線を描きます。

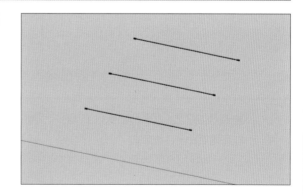

02　それぞれの直線が同じ長さで作図されます。

モデルの作成 ②

モデルの表現 ③

実践テクニック ④

便利な拡張機能 ⑤

memo　フィートは「'」、インチは「"」を付けます。1フィートなら「1'」、1インチなら「1"」と入力します。1000の1/3を入力したいときは「1000/3」と入力すれば1000/3（=333.33…）が入力されます。

非表示にした面や線を
個別に表示する

建物の見栄えを良くしたいときや、作図作業をしやすくするために複数の線や面を非表示にすることがあります。このうちのどれかを個別に表示したいときは[非表示ジオメトリ]を使います。

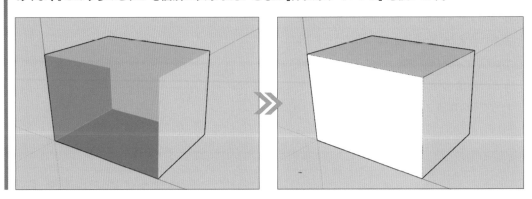

01 [表示]メニューの[非表示ジオメトリ]を選択します。

> **memo** 2019以前のバージョンでは、[表示]メニューの[隠しジオメトリ]を選択します。

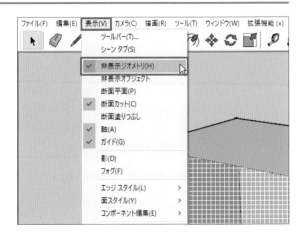

02 非表示に設定した面は網掛けで、線は点線で表示されます。

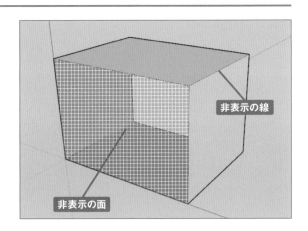

非表示の線

非表示の面

03 表示したい線を選択し、右クリックして表示されるメニューから［表示］を選択すると、選択した線が表示されます。

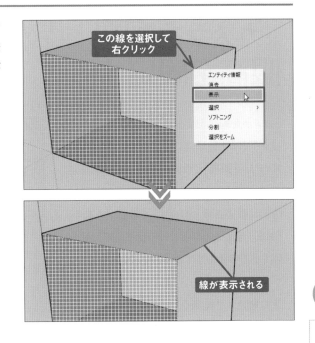

04 同様にして非表示に設定した面も表示できます。

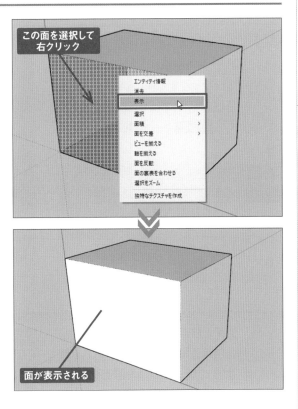

> **memo** 右クリックメニューで［表示］を選択する代わりに、［編集］メニューの［表示］−［選択アイテム］（Macでは［選択］）を選択しても、個別に表示できます。
>
>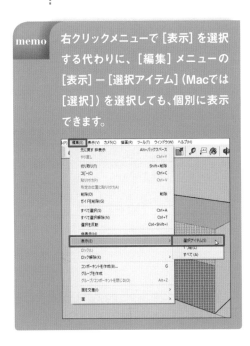

SketchUp ベストテクニック120 ● 基本操作・表示・設定

chapter 1

モデルの作成 2

モデルの表現 3

実践テクニック 4

便利な拡張機能 5

［カメラを配置］時の
眼高を固定する

［カメラを配置］ツールでカメラ位置をク
リックすると自動的に［ピボット］ツールに
変わり、［眼高］（視線の高さ）が初期設定
の値（ここでは1676mm※精度設定により
微妙に数値が変わります）で表示されます。
［眼高］を変えたいときは毎回ここで設定し
直す必要がありますが、カメラ位置をクリッ
クする前に眼高の数値を入力しておくと、
その後カメラ位置をクリックするたびにそ
の数値の眼高になります。

01

［カメラ］ツールバーの［カメラを配
置］ツールをクリックし、カメラ位置
をクリックする前に、キーボードか
ら眼高（ここでは1500mm）を入力
して Enter キーを押します。

memo　［カメラ］ツールバーが表示されてい
ないときは、P011の方法で表示させ
てください。数値入力時は値制御
ボックスが［眼高］ではなく、［高さ
オフセット］になっています。

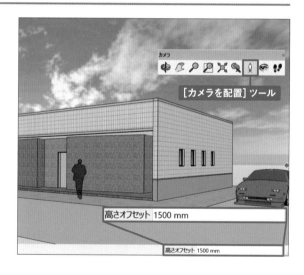

02

カメラ位置をクリックすると入力し
た眼高（1500mm）で表示されま
す。この後、［カメラを配置］を使う
ときは入力した眼高（1500mm）に
なります。この機能はSketchUpを
終了するまで有効です。

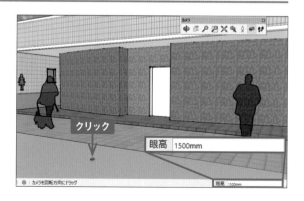

画角を焦点距離で指定する

[ズーム] ツールをクリックすると、初期設定では右下の値制御ボックスに [視野] と表示され、視野角が指定できます (P040)。このとき、数値に「mm」を付けて入力すると、焦点距離で指定できるようになります。

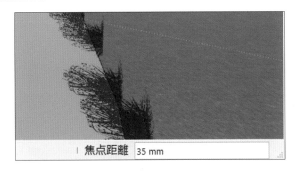

chapter 1

01 [ズーム] ツールをクリックします。右下の値制御ボックスに [視野] と表示されていることを確認します。

[ズーム] ツール

視野　35.00 度

02 キーボードから指定したい焦点距離をmm付き (ここでは「35mm」) で入力します。値制御ボックスの表示が [焦点距離] になりました。

> **memo** 以降は [ズーム] ツールをクリックすると、値制御ボックスに [焦点距離] と表示されるようになります。指定を [視野] に戻したい場合は、数値に「deg」(35度なら「35 deg」) を付けて入力します。

焦点距離　35 mm

パースをきかせる

[ズーム]ツールで視野角度を大きくして視点を対象物に近づけると、パースをきかせることができます。
これは近寄って広い範囲を見ることにより、遠近法が強く表現されるからです。

01 [ズーム]ツールをクリックすると、値制御ボックスが[視野]になり、初期設定の「35.00度」が表示されます。キーボードから「50」と入力して **Enter** キーを押します。

[ズーム]ツール

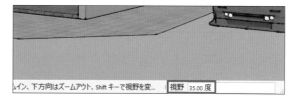

…イン、下方向はズームアウト、Shift キーで視野を変… | 視野 | 35.00 度

02 [視野]が「50.00度」になり、視野角が広がります。[カメラ]ツールバーの[ウォーク]ツールをクリックし、建物に近づくようにドラッグで画面表示を調整します。

memo このとき[ズーム]ツールを使って画面表示を調整すると眼高が変わってしまうため、[ウォーク]ツールで調整します。

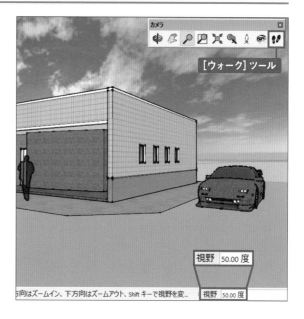

カメラ

[ウォーク]ツール

視野 50.00 度

…向はズームイン、下方向はズームアウト、Shift キーで視野を変… | 視野 | 50.00 度

パースを強めにきかせる

前項「パースをきかせる」でおこなった視野角の調整だけでは全体が入らない場合、2点透視にすると、さらに強くパースをきかせることができます。この方法は狭い部屋でも壁を気にすることなくズームアウトできます。

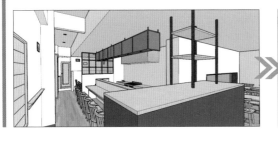

01 視野角を55度にしても全体が入らないため、2点透視の設定にします。[カメラ] メニューから [2点透視法] を選択します。

02 左上に「2点透視法」と表示されます。マウスポインターがパン表示になるので、必要ならドラッグで画面の位置を調整します。[ズーム] ツールをクリックし、ズームアウトでパースをきかせて全体が入るように調整します。

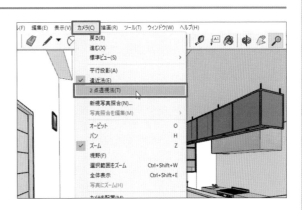

memo [オービット]、[ウォーク]、[ピボット] で画面を動かすと、2点透視が解除されてしまうので、それらは使用できません。

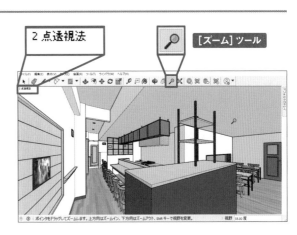

23

正確な縮尺で印刷する

[印刷] ダイアログの [ページに合わせる] のチェックをはずすと、正確な縮尺で印刷できます。ただし、このときのビューは [平行投影] で、[標準ビュー] のどれか（平面、正面など）に設定されていることが条件です。

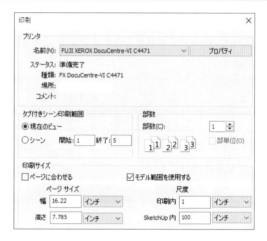

01 ここでは立面図を印刷します。[カメラ] メニューの [平行投影] を選択します。

02 [ビュー] ツールバーの [正面] ツールをクリックして、[パン] ツールで位置を調整し、立面図を作成します。

memo [正面] ツールをクリックする代わりに、[カメラ] メニューの [標準ビュー] ー [正面] を選択しても同じです。

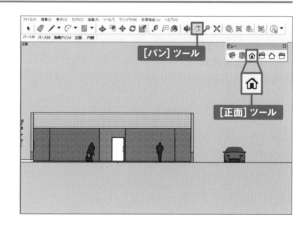

03 [ファイル] メニューの [印刷] を選択します。

04 [印刷] ダイアログが開いたら、[ページに合わせる] のチェックをはずします。縮尺1/100で印刷したいときは、[印刷内] を「1」、[SketchUp内] を「100」とします。[OK] ボタンをクリックすると現在のビューが1/100の縮尺で印刷されます。

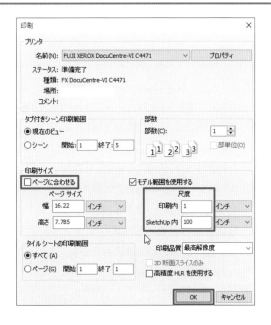

memo ビューの設定が [平行投影] ではなく [遠近法] になっていたり、[標準ビュー] 以外の設定になっていると、[モデル範囲を使用する] がグレーアウトしたままになり、縮尺値の入力ができません。また、初期設定では [印刷内] [SketchUp内] の単位が [インチ] になっていますが、[インチ] のまま操作しても1／100の縮尺で印刷できます。

memo Macでは [ドキュメント設定] の [印刷尺度] で縮尺を設定します。

エラーが起こる前に

エラーは突然起こります。エラーが起こると、データを保存できずに終了しなければならない場合もあります。エラーが起きても被害を最小限にとどめるように、バックアップや自動保存の設定を確認しておきましょう。

01　[ウィンドウ] メニューの [環境設定] (Macでは [SketchUp] メニューの [SketchUpの環境設定]) を選択して [SketchUpの環境設定] ダイアログを開きます。左の欄で [全般] を選択し、[バックアップを作成する] や [自動保存] にチェックが入っているかを確認します。必要であれば、右にある自動保存間隔の時間を調整します。

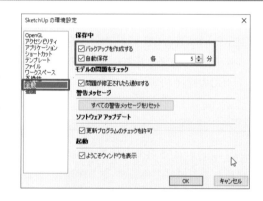

memo　Windowsのバックアップファイルは、上書き保存するときに、直前の編集前の状態を拡張子「***.skb」として保存します。このファイルは拡張子を「***.skp」に変えて開きます。自動保存ファイルは「AutoSave_***.skp」という名前で保存されますが、SketchUpを終了すると消えてしまいます。自動保存ファイルはSketchUpを終了する前に開き、必要に応じてファイル名を変更して保存します。

memo　SketchUp 2021では、モデルに問題が見つかると自動で修正されます。[SketchUpの環境設定] ダイアログの [全般] で [問題が修正されたら通知する] にチェックが入っていれば (上記参照)、修正された問題を示すダイアログがポップアップ表示されます。ファイルのエラーを手動でチェックするときには [ウィンドウ] メニューの [モデル情報] を選択して開く [モデル情報] ダイアログの [統計] で [問題を修正] ボタンをクリックします。

25

面が透明や黒になって
しまうときは

ファイルを開くと図のように面が透明に
なってしまったり、一部の面が黒くなった
り、線が乱れたりすることがあります。その
ようなときは [OpenGL設定] で調整して
みると、表示が元に戻る場合があります。

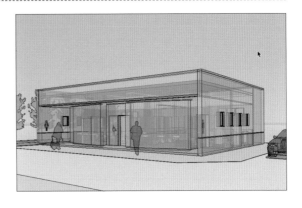

01 [ウィンドウ] メニューから [環境設
定] (Macでは [SketchUp] メ
ニューの [SketchUpの環境設定])
を選択します。

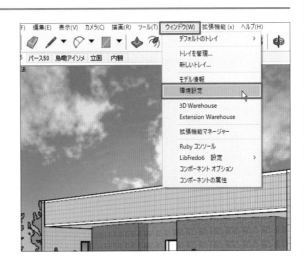

02 [SketchUpの環境設定] ダイアロ
グが開きます。[OpenGL]の [マル
チサンプルアンチエイリアシング]
の値を変更したり、[高速フィード
バックを使用する]のチェックを入
れたり、はずしたりして [OK]ボタン
をクリックし、面の表示を確認し
ます。

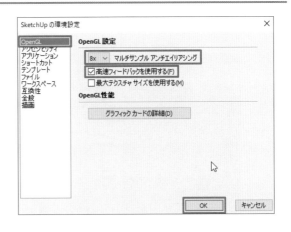

テンプレートをつくる

SketchUpには複数のテンプレートが用意されていますが、よく使う単位やスタイルなどを独自に設定して、テンプレートにすることができます。テンプレートとして保存すると次回起動時から直近で保存したテンプレートが既定として開くようになります。

01 新規ファイルを開き、テンプレートに設定したい項目を変更します。テンプレートにはすべての設定が保存できます。保存しておくと便利なものは、単位、スタイル、ファイルの保存設定などです。

・**単位**
[モデル情報] ダイアログの [単位] で設定

・**ファイルの保存設定**
[SketchUpの環境設定] ダイアログの [全般] で設定

・**スタイル（エッジ）**
[スタイル] の [編集] タブの [エッジ設定] で設定

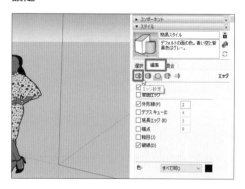

・**スタイル（背景）**
[スタイル] の [編集] タブの [背景設定] で設定

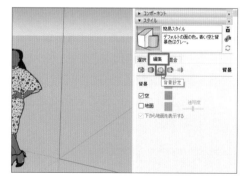

02 設定し終えたら [ファイル] メニューの[テンプレートとして保存] を選択します。

03 [テンプレートとして保存] ダイアログが開きます。[名前] にテンプレート名を入力し、[デフォルトのテンプレートとして設定する] にチェックが入っていることを確認して [保存] ボタンをクリックすると、起動時に開くテンプレートとして保存されます。

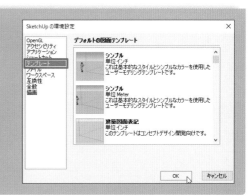

> **memo** テンプレートファイルは、通常以下のフォルダに保存されます。（WindowsでSketchUp 2021の場合）
> C:¥Users¥(ユーザー名)¥AppData¥Roaming¥SketchUp¥SketchUp 2021¥SketchUp ¥Templates

> **memo** 起動時に開くテンプレートを変更したいときは、[SketchUpの環境設定] ダイアログの [テンプレート] で任意のテンプレートを選択して [OK] ボタンをクリックします。次の新規ファイル作成時から選択したテンプレートが開きます。

column 既存ファイルからテンプレートをつくるには？

既存のファイルからテンプレートを作成する方法は、基本的に新規ファイルから作成する方法と同じですが、そのファイル内にあるエンティティなどは削除する必要があります。 Ctrl + A キーですべてのデータを選択して削除できますが、これでもデータが残ってしまうことがあるため、そのあとに [モデル情報] ダイアログの [統計] で [不要アイテムを完全に削除] ボタンをクリックし、不要なデータを完全に削除してからテンプレートとして保存します。

長さや面積を自動入力する

[テキスト] ツールで図形やコンポーネント
などをクリックすると、そこから引き出し線
を付けたテキストが入力できます。マウスポ
インターを「エッジ上」「面上」に合わせてか
らクリックすると、長さや面積がテキスト
ボックスに自動入力されます。

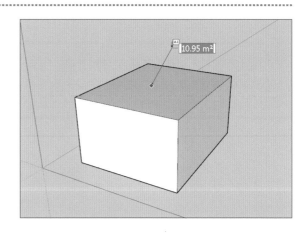

01 [テキスト] ツールをクリックします。
任意のエッジにマウスポインターを
合わせ、「エッジ上」と表示されたら
クリックします。

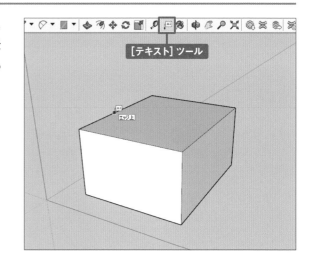

02 クリックしたエッジの長さが自動入
力された、引き出し線テキストが作
成されます。適当な位置にテキスト
を配置します。

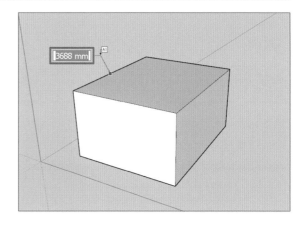

03

同様にして、任意の面にマウスポインターを合わせ、「面上」と表示されたらクリックします。引き出し線テキストにクリックした面の面積が自動入力されます。

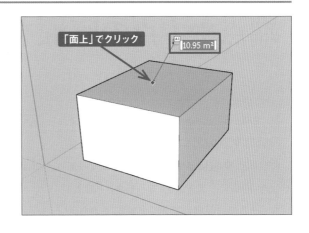

04

マウスポインターを「端点」合わせてクリックすると、原点 (0, 0, 0) を基準とした座標値（絶対座標）が単位付きで自動入力されます。

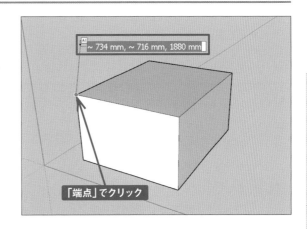

> **memo** 対象がグループやコンポーネントで、インスタンス名が付与されている場合は、「エッジ上」「面上」「端点」のいずれをクリックしても、そのインスタンス名が自動入力されます。グループやコンポーネントが入れ子（ネスト）になっていて、それぞれにインスタンス名がある場合は、クリックした図形が含まれる階層のインスタンス名（または定義名）が表示されます。

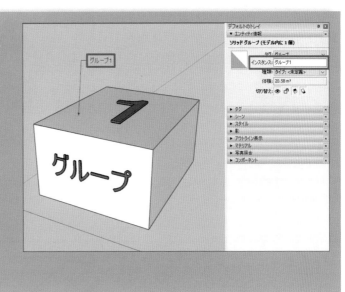

端点や中点の座標を調べる

2019バージョンから［メジャー］ツールで「端点」や「中点」にマウスポインターを合わせると、座標値が表示されるようになりました。同様に「エッジ上」なら長さ、「面上」ならその面の面積が表示されます。これらは［テキスト］ツールでも自動入力できますが（P048）、確認するだけならこちらのほうがかんたんです。

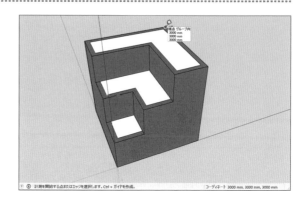

01

［メジャー］ツールをクリックします。3Dモデルの「端点」または「中点」と表示されるところにマウスポインターを合わせる（クリックはしない）と、その点の座標値が単位付きでカーソル位置および値制御ボックスに表示されます。

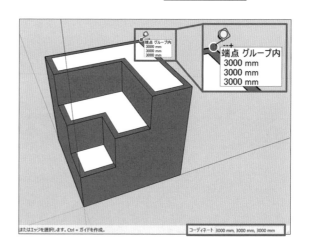

> **memo** 表示される単位は［モデル情報］ダイアログの［単位］（P051）で設定されたものです。座標値は原点(0, 0, 0)を基準とした絶対座標となります。値制御ボックスの表示「コーディネート」は、英語表記の「coordinate」（座標）がそのまま日本語読みになったものと思われます。

02

同様にして、マウスポインターを「エッジ上」に合わせるとそのエッジの長さ、「面上」に合わせるとその面の面積が表示されます。

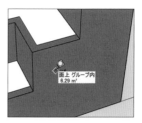

29

体積を調べる

グループまたはコンポーネントは、［エンティティ情報］で体積が表示されます。

01 グループまたはコンポーネントを［選択］ツールで選択します。デフォルトのトレイの［エンティティ情報］を開くと、選択したエンティティの［体積］が表示されます。

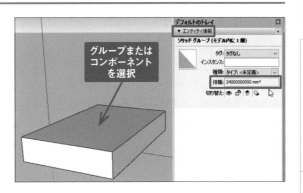

> **memo** モデルがソリッド（穴などが開いていない閉じた空間）になっていないと体積は表示されません。

> **memo** ここでは単位をmm（ミリメートル）に設定しているため、［体積］に「24000000000mm³」と表示されます。数値が大きすぎてわかりにくい場合は、［ウィンドウ］メニューの［モデル情報］を選択して開く［モデル情報］ダイアログの［単位］をm（メートル）などに変更してください。

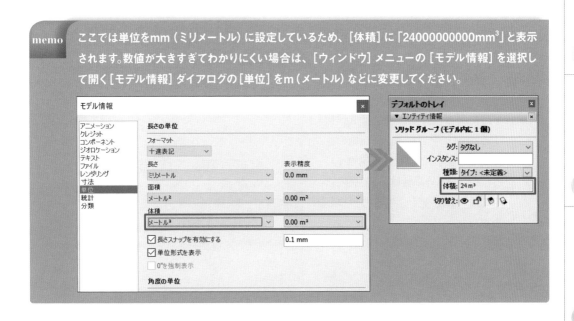

エッジを軸の色で表示する

軸に平行なコンポーネントなどのエッジを、その軸の色で表示することができます。この変更は［スタイル］にある［色］で設定します。軸に平行でないエッジは設定後も黒で表示されるため、モデリングの補助として使える機能です。

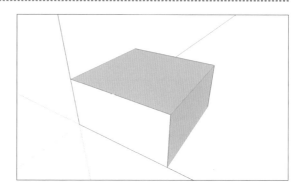

01 デフォルトのトレイの［スタイル］を開き、［編集］タブの［エッジ設定］ボタンをクリックします。

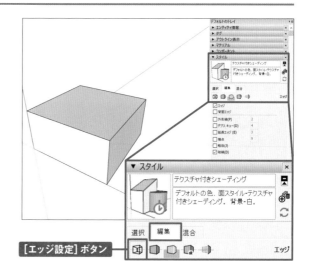

［エッジ設定］ボタン

02 下方にある［色］から［軸別］を選択すると、軸に平行なエッジが軸の色に変わります。この状態をスタイルとして登録する場合は、［変更内容でスタイルを更新］をクリックします。

［変更内容でスタイルを更新］

memo この設定後も青軸、赤軸、緑軸のいずれにも平行でない線は、黒で表示されます。

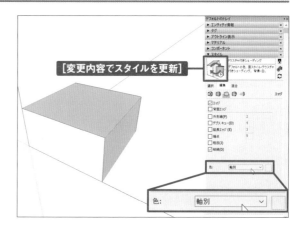

色： 軸別

chapter

2

モデルの作成

角度の二等分線を引く

推定機能のピンク色の線を使うと、角度の
二等分線がかんたんに描けます。

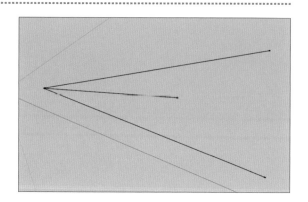

01 ここでは45°の角度で構成された2
本の線の間に角度を二等分する線
を描きます。[線]ツールをクリック
して一方の線上にマウスポインター
を移動し、「エッジ上」と表示された
位置をクリックします。

[線]ツール

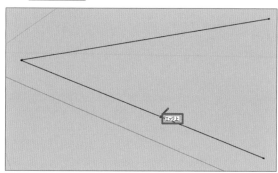

02 もう一方の線に向かってマウスポイ
ンターを移動します。その線上で
「エッジ上」と表示され、線の色がピ
ンクに変わる位置でクリックします。

memo この時点で二等辺三角形の面がで
きます。

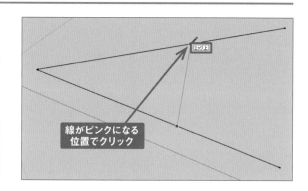

線がピンクになる
位置でクリック

03

手順02で作成した線上にマウスポインターを移動し、「中点」と表示される位置をクリックします。この点が二等分線の始点になるので、角の頂点までマウスポインターを移動し、「端点」と表示される位置でクリックすると角度の二等分線が作図されます。必要に応じて、不要な面や線を削除します。

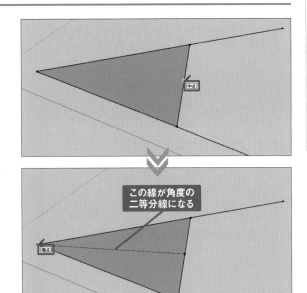

この線が角度の二等分線になる

memo 手順02でマウスポインターを移動するときに、どちらかの線に垂直になる位置でも線がピンクに変わってしまうので注意してください（このとき垂直の対象となる線もピンクになります）。

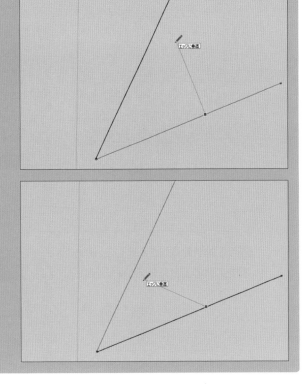

図形の角を面取りする

SketchUpにはCADのような面取りツールがありません。図形の角を落として丸く仕上げたい場合は、[2点円弧] ツールを使います。連続して面取りすることもできます。なお、この方法は長方形などエッジで構成された面のある図形にのみ有効です。

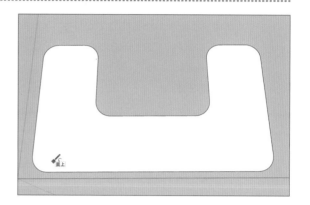

---

01 [2点円弧] ツールをクリックします。図形の角のエッジ上でクリックし、もう片方のエッジ上をダブルクリックします。

> **memo** 2点目は「頂点で接線」「エッジの接線」などと表示されたところでダブルクリックします。

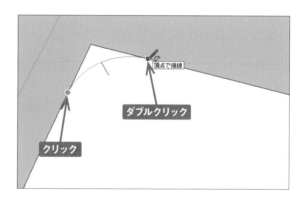

---

02 図形の角が面取りされました。続けて、次の角の面上をダブルクリックします。

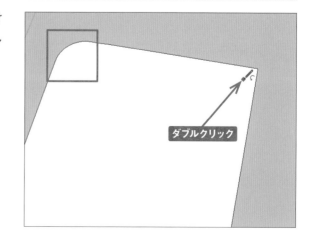

03

次の角も面取りができました。2回目以降は角に近い面上をダブルクリックすれば連続して面取りができます。このときの面取り半径は、最初の面取り時の半径が適用されます。終了するときは、[選択]ツールをクリックします。

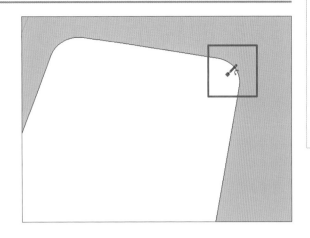

memo 入隅部分も同様に面取りすることができます。

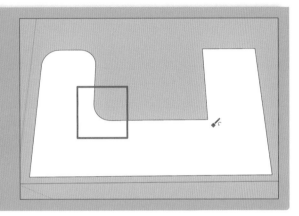

column 半径を指定して面取りする

面取り半径を指定することもできます。手順01で2点目をダブルクリックではなく、クリックします。円弧がピンク色の状態を保ったまま、マウスを少しだけエッジ上で動かします。これで値制御ボックスが有効になるので、半径を数値入力して Enter キーを押すと、指定した半径で面取りされます。

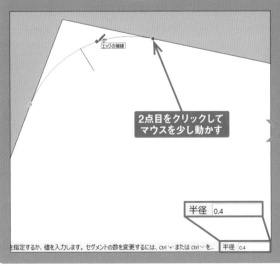

エッジの接線

2点目をクリックして
マウスを少し動かす

半径 0.4

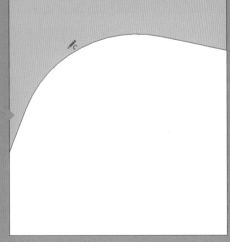

…を指定するか、値を入力します。セグメントの数を変更するには、Ctrl '+' または Ctrl '-' を…　半径 0.4

線を連続消去する

[消しゴム] ツールで線をクリックすると1本
ずつ消去することができますが、複数の線
をドラッグすると連続して消去することが
できます。

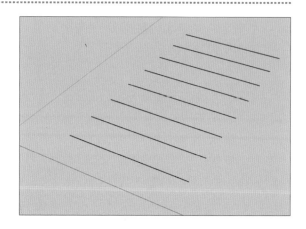

01

[消しゴム] ツールをクリックして、
消したい線をドラッグで指定しま
す。ドラッグにかかった線が青色で
表示されます。

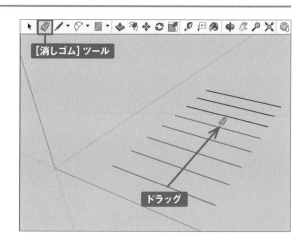

02

マウスボタンを離すと、青色で表示
された線が消去されます。

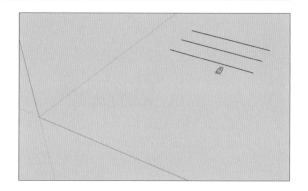

> **memo** ドラッグのスピードが速いと歯抜け
> 状態で消去されることがあるため、
> ゆっくりドラッグします。

34

外周の一部をオフセットする

基本操作・表示・設定

SketchUp ベストテクニック120 ● モデルの作成

chapter
2

モデルの表現

実践テクニック

便利な拡張機能

面に対して[オフセット]ツールを使うと、面
の外周すべての線がオフセットされますが、
一部の線を選択して[オフセット]ツールを
使うこともできます。ただし、連続した線で
なければオフセットはできません。

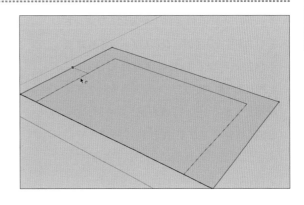

01 [選択]ツールでオフセットしたい線
（ここでは手前以外の3辺）を選択
します。[オフセット]ツールをクリッ
クして選択した線にマウスポイン
ターを合わせ、「エッジ上」と表示さ
れる位置をクリックします。マウスポ
インターに選択線が追随するため、
オフセットしたい方向（ここでは内
側）にマウスポインターを少し移動
します。

[オフセット]ツール

エッジ上

02 距離を数値入力（ここでは「1000」）
して Enter キーを押すと、選択し
た線に対して指定した距離でオフ
セットができます。

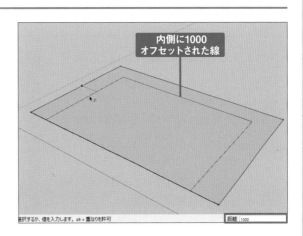

内側に1000
オフセットされた線

選択するか、値を入力します。Alt = 重なりを許可 　　距離 1000

エッジを
連続指定で非表示にする

エッジの非表示設定は［非表示］コマンドでできますが、［消しゴム］ツールでも非表示設定が可能です。線の連続消去（P058）と同じように、複数のエッジをドラッグで連続指定できるため、［非表示］コマンドよりも速く操作できます。操作時に押すキーによって、単純な非表示にしたり、曲面的なソフト&スムーズ表現にしたりできます。

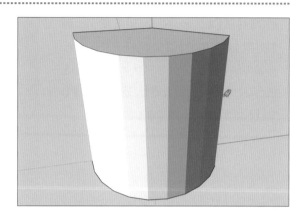

01 ［消しゴム］ツールをクリックします。非表示にしたいエッジを Shift キーを押しながらドラッグして指定します。ドラッグにかかったエッジが青色で表示されます。

［消しゴム］ツール

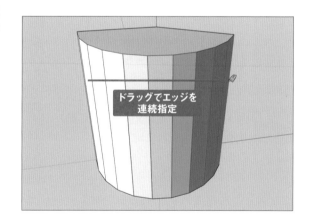

ドラッグでエッジを
連続指定

02 マウスボタンを離すと、青色で表示されていたエッジがまとめて非表示になります。非表示になったエッジは［表示］メニューの［非表示ジオメトリ］にチェックを入れて点線表示させ、そのエッジを選択して右クリックメニューから［表示］を選択すれば元のように表示できます。

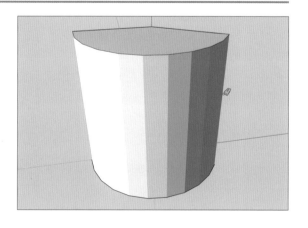

03 ソフト&スムーズ表現にしてみます。[消しゴム] ツールをクリックして、ソフト&スムーズにしたいエッジを Ctrl (Macは Option) キーを押しながらドラッグして指定します。ドラッグにかかったエッジが青色で表示されます。

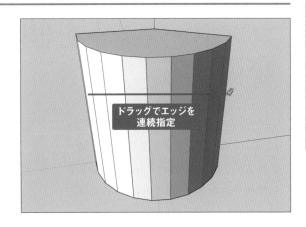

ドラッグでエッジを連続指定

04 マウスボタンを離すと、青色で表示されていたエッジがまとめてソフト&スムーズ表現になります。Shift + Ctrl (Macは Option) キーを押しながらソフト&スムーズにしたエッジをドラッグすると、元のようにエッジを表示できます。

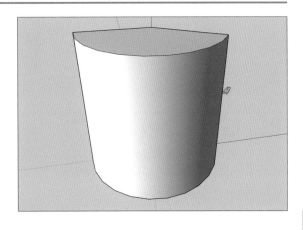

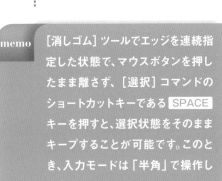

memo [消しゴム] ツールでエッジを連続指定した状態で、マウスボタンを押したまま離さず、[選択] コマンドのショートカットキーである SPACE キーを押すと、選択状態をそのままキープすることが可能です。このとき、入力モードは「半角」で操作します。

コンポーネントを個別に変更する

コピーされたコンポーネントはその特性上、1つのコンポーネントを変更すると、コピーされたすべてのコンポーネントが同じように変更されます。一部または個別でコンポーネントを変更したいときには、右クリックメニューの「固有にする」を使います。

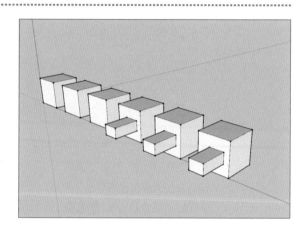

01 [選択]ツールで変更したいコンポーネントを選択します。ここでは6つあるコンポーネントのうち、3つを選択します。

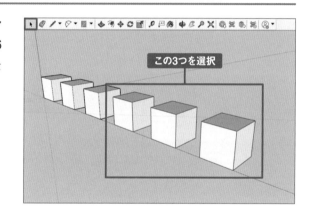

この3つを選択

02 右クリックして表示されたメニューから[固有にする]を選択します。

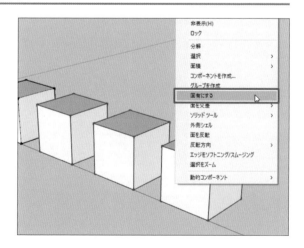

03

選択したコンポーネントのどれかを
編集し、形状を変更します。

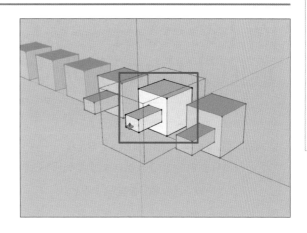

04

最初に選択した3つのコンポーネン
トだけが変更されます。

memo 「固有にする」に設定したコンポーネ
ントは、「固有にする」前のコンポー
ネントには戻せません。

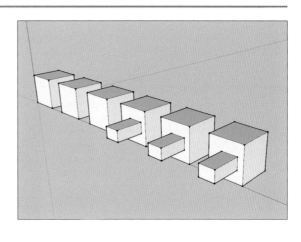

面上のコンポーネントなどを
垂直方向に移動する

面上に作成したグループやコンポーネント
は、面に対して垂直方向に移動できなくな
ることがあります。このようなときは右ク
リックメニューから[分離]を選択すると、
面上のグループやコンポーネントが垂直方
向に移動できるようになります。

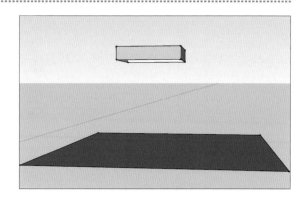

01 ここでは面上で作成したグループを
選択して右クリックし、表示された
メニューから[分離]を選択します。

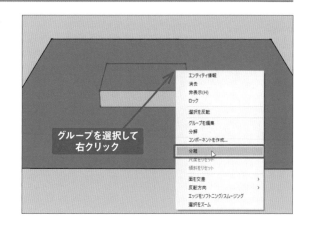

02 [移動]ツールをクリックしてグルー
プを移動すると、面に対して垂直方
向に移動できるようになります。

memo 一度分離してしまうと、元の状態に
は戻せません。

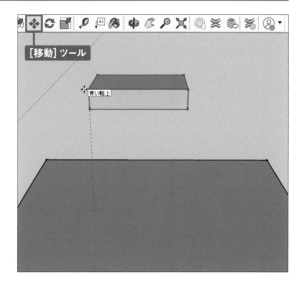

Technique
No.

基本操作・表示・設定 ①

SketchUp ベストテクニック120 ● モデルの作成 chapter 2

モデルの表現

実践テクニック

便利な拡張機能 ⑤

38

垂直面に図形を作成する

上から見るようなビューで図形を作成すると水平面（XY平面）を基準に作成されますが、垂直面（XZ、YZ平面）が正面になるようなビューで描画関連のツールを使うと、垂直面を基準に図形が作成できます。

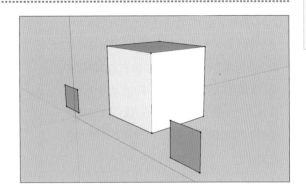

01 [オービット] ツールや [正面] ツールを使って、赤い軸（X軸）と青い軸（Z軸）で構成される面（XZ平面）が正面になるようなビューにします。

memo 緑の軸（Y軸）と青い軸（Z軸）で構成される面が正面になるようなビューにすれば、YZ平面に垂直な図形を作成することもできます。

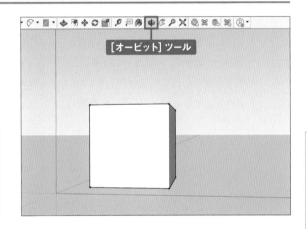

[オービット] ツール

02 [長方形] ツールで長方形を作成してみると、面が正面になって作図されます。再び [オービット] ツールなどでビューの向きを変えてみると、垂直面に長方形が作成されているのがわかります（一番上の図）。

memo 図形を作成する前に矢印キーを押すと、作成面を指定できます。
➡（右矢印）キー＝YZ平面
⬅（左矢印）キー＝XZ平面
⬆（上矢印）キー＝XY平面

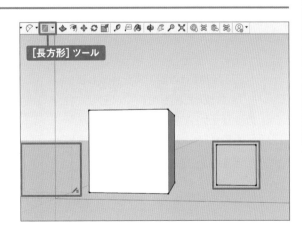

[長方形] ツール

フェイスミー2Dコンポーネントを
つくる

2Dの面でつくられたコンポーネントはデー
タが軽く扱いやすいです。また、コンポーネ
ントを作成するときに[常にカメラに対面す
る]を使えばフェイスミーコンポーネントと
なり、ビューを回転させても、線だけで表示
される2Dの側面を見せなくすることができ
ます。

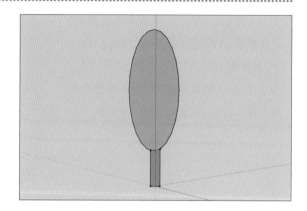

01　2Dコンポーネントは正面で作成し
ます。[カメラ]メニューの[平行投
影]を選択し、次に[カメラ]メニュー
の[標準ビュー]-[正面]を選択し
ます。

02　ここでは2Dの面で木を作成しまし
た。作成した図形をすべて選択し、右
クリックして表示されたメニューか
ら[コンポーネントを作成]を選択し
ます。

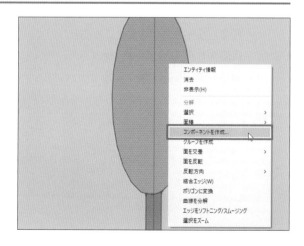

03

[コンポーネントを作成] ダイアログが開きます。[定義] に名前を入力し [常にカメラに対面する] にチェックを入れて [コンポーネント軸を設定] ボタンをクリックします。

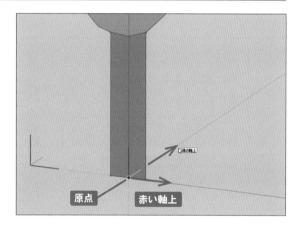

memo [常にカメラに対面する]にチェックを入れると [太陽と影の関係を固定する]にも自動的にチェックが付きます。

04

作業画面に戻り、マウスポインターが軸形状になります。コンポーネントの原点にしたい部分をクリックし、赤い軸と緑の軸の方向をクリックして軸を確定させます。

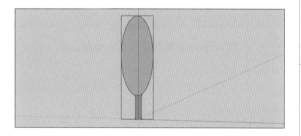

memo 軸の指定が正面だとやりにくい場合は、[標準ビュー] を [等角] などに変更してください。

05

[コンポーネントを作成] ダイアログに戻ります (03の画面)。[作成] ボタンをクリックするとフェイスミー2Dコンポーネントが作成されます。ビューを切り替えて常に正面を向くか確認してみましょう。

column コンポーネントの影を表示する

影を表示させるには、デフォルトのトレイの [影] にある [影を表示／隠す] ボタンをオンにします。[コンポーネントを作成] ダイアログの[太陽と影の関係を固定する]にチェックがあると影が立体の状態で表示され、チェックがないと面の状態として表示されます。

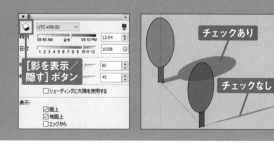

3Dモデルを
瞬時に原点へ移動する

インポートした3Dモデルが原点から遠く離れていた場合など、選択したモデルを移動する際、値制御ボックスに原点の座標入力することで、指定した点を瞬時に原点に移動できます。

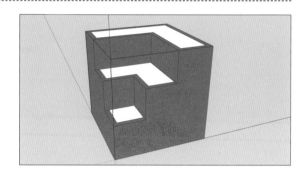

01 [選択]ツールで移動したい3Dモデルを選択します。[移動]ツールで原点とする点をクリックし、マウスポインターはそのままの状態で、キーボードから半角英数で「[0, 0, 0]」と入力して **Enter** キーを押します。

[選択]ツール　　　　[移動]ツール

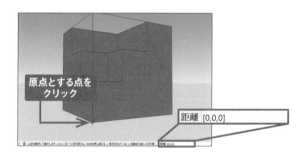

原点とする点を
クリック

距離 [0,0,0]

02 3Dモデルが瞬時に原点に移動しました。

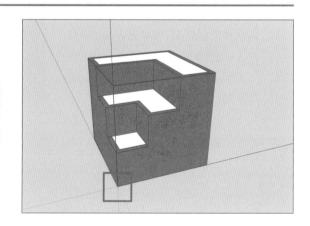

> **memo** 原点座標の入力時に前の半角角カッコを入力すると、後ろの角カッコも自動的に入力されます。値制御ボックスがグレーアウトして入力できない場合は、少しだけマウスを動かして入力を有効にしてください。ただし、座標入力後、 **Enter** キーを押す前に動かしてしまうと、入力内容がマウスの示す位置で更新されてしまうため、注意が必要です。

3Dモデルの角を
瞬時に面取りする

3Dモデルの角は面取りしたい形に線を引き、[フォローミー] ツールで対象のエッジをドラッグでなぞれば面取りできますが、**Alt** キーを組み合わせれば一瞬で面取りできます。

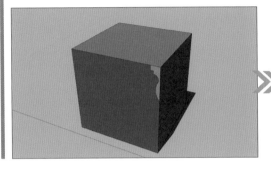 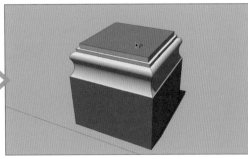

01 [線] ツールや [円弧] ツールなどで3Dモデルの角に面取りのラインを引きます (ここではわかりやすいように面取りする形を黄色にしています)。[編集] ツールバーの[フォローミー] ツールをクリックします。**Alt** (Macは **command**) キーを押しながら面取り部分 (黄色) をクリックし、そのまま上面へドラッグします。

[フォローミー] ツール

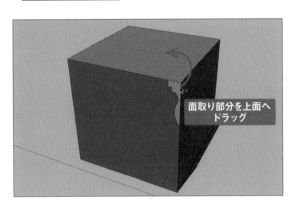

面取り部分を上面へドラッグ

02 マウスボタンを離すと、上面の4辺が一度に面取りされます。

memo　面取りはドラッグ先の面を構成するエッジすべてに適用されます。

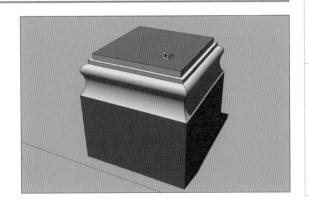

他のコンポーネントなどに高さを揃える

[尺度]ツールの「青の尺度」を使うと、他のコンポーネントなどに高さを揃えることができます。

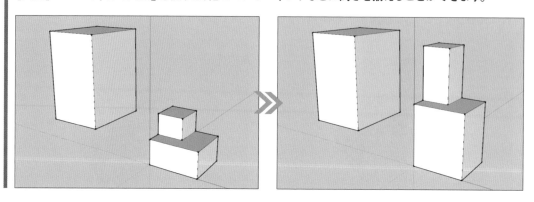

01　ここでは右側のコンポーネントを左側のコンポーネントの高さに揃えます。右側のコンポーネントを選択して、[尺度]ツールをクリックします。

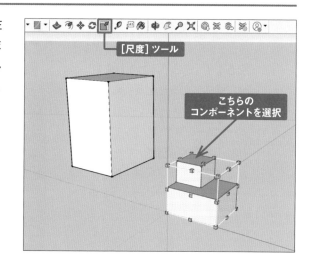

[尺度]ツール

こちらの
コンポーネントを選択

02　コンポーネント中心にある「青の尺度 反対側の点を基準」と表示されるグリップをクリックします。

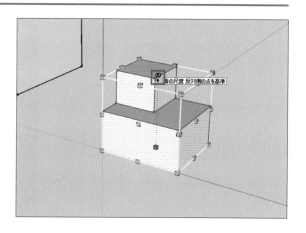

青の尺度 反対側の点を基準

03
左側のコンポーネントの高さを合わせる辺上をクリックします。

memo 推定機能で「エッジ上」「端点」「中点」などと表示される位置でクリックします。

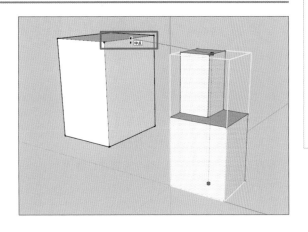

04
右側のコンポーネントが左のコンポーネントの高さに揃います。

memo 幅を揃えたいときには赤や緑の尺度を使います。

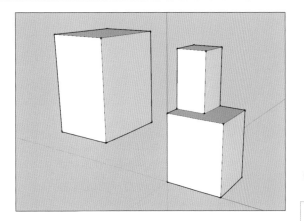

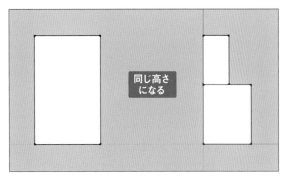

同じ高さになる

memo あらかじめ揃えたい高さが実寸でわかっているときは、［尺度］ツールで「青の尺度 反対側の点を基準」のグリップをクリックしたあとに、キーボードからその実寸を単位（mm、m、cmなど）付きで入力すると、高さがその寸法に変更されます。
単位を入れ忘れると入力した数値の倍数で拡大されるため注意しましょう。

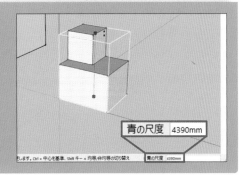

青の尺度 4390mm

グループを鏡像複写する

グループを鏡像(ミラー)複写するときは、グループをコピーした後に[尺度]ツールで反転します。コンポーネントでも同様に操作できます。

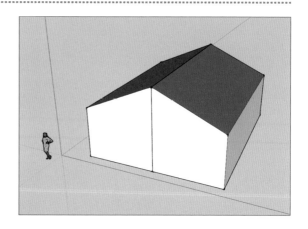

01 [選択]ツールで鏡像複写する図形をすべて選択します。右クリックして表示されたメニューから[グループを作成]を選択し、グループにしておきます。

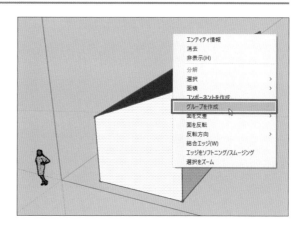

02 [編集]メニューの[コピー]を選択し、次に[編集]メニューの[所定の位置に貼り付け]を選択します。グループが同位置に複写(コピー)されます。

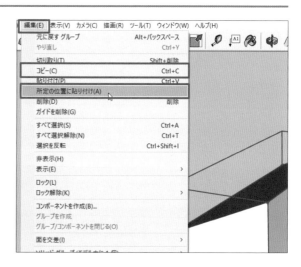

基本操作・表示・設定

SketchUp ベストテクニック120 ● モデルの作成

chapter 2

モデルの表現

実践テクニック

便利な拡張機能

03 [尺度]ツールをクリックし、「赤の尺度 反対側の点を基準」と表示される鏡像面から遠いほう（ここでは左側）の赤いグリップをクリックします。

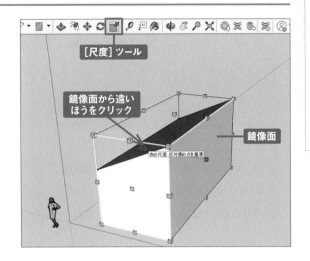

[尺度]ツール

鏡像面から遠いほうをクリック

鏡像面

赤の尺度 反対側の点を基準

memo ここで鏡像面側（右側）の赤いグリップをクリックすると、次の操作で逆向きに反転してしまうので、注意してください。

04 キーボードから「-1」と入力するとコピーしたグループが反転し、鏡像面がぴったり合った位置に移動します。これで鏡像複写ができました。

赤の尺度 -1

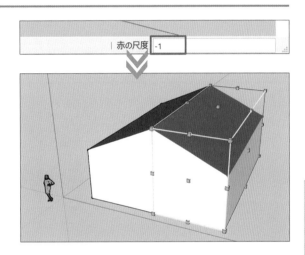

column **グループを鏡像反転する**

単純に鏡像（ミラー）反転したい場合は、グループ上で右クリックし、表示されたメニューから[反転方向]→反転したい軸方向を選択すると、同じ位置でグループを鏡像反転できます。手順02の後にこの操作を行うと鏡像複写されます。その場合はグループの中心が起点となって鏡像化され、複写されたグループが重なるので、[移動]ツールで位置合わせが必要です。

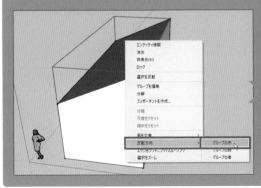

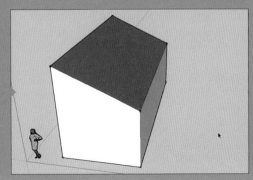

インポートしたCADの線から
面を作成できないときは？

インポートしたCAD線上を [線] ツールで
上書きして面を作成しようとしても、面にな
らないことがあります。そんなときは、範囲
を小さく区切りながら少しずつ面にしていく
と、うまく面を作成できる場合があります。

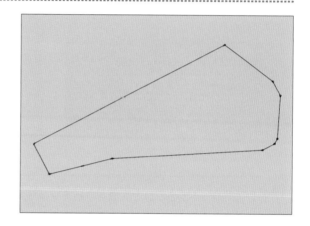

01

外周の線を上書きしても面が作成
できないときは、[線] ツールで内部
を区切りながら少しずつ面にしてい
きます。

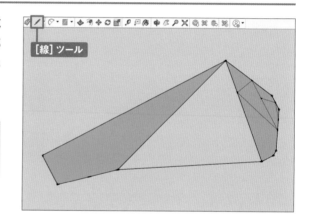

[線] ツール

memo 囲まれたエリアの面積が小さいほう
が面になりやすい傾向にあります。

02

最後に小さな三角形の部分が残っ
たら、何も選択していない状態で
[移動] ツールをクリックし、辺上に
できた点を対面の辺までドラッグし
ます。

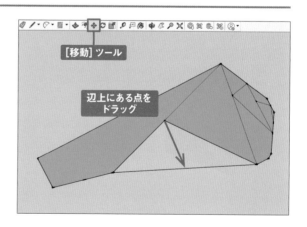

[移動] ツール

辺上にある点を
ドラッグ

memo このとき最後の三角形の頂点が辺
上になるように区切っておいてくだ
さい。

03　頂点が移動し、最初の図形が小さな面で埋まりました。

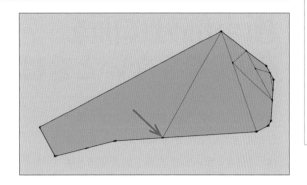

04　[消しゴム] ツールをクリックし、区切り線を削除して面をつなげます。

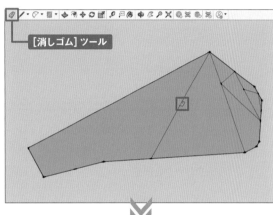

[消しゴム] ツール

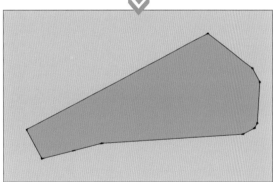

---

column　インポート時は単位を合わせる

CADデータをインポートするときは、単位を現在のファイルに合わせないと思わぬ大きさでインポートされたりします。インポート時に表示される [インポート] ダイアログの [オプション] ボタンをクリックし、開いた [インポートオプション] ダイアログの [単位] を確認してください。

極小部分に面を
作成できないときは？

極めて短い線の場合、線をつないでも面が
作成できないことがあります。そんなとき
は、[尺度]ツールで図形を拡大すると面
が作成できる場合があります。面を作成した
あとは、元の大きさに戻します。

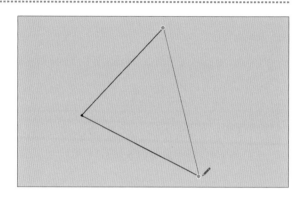

01 [選択]ツールで面が作成されない
図形をすべて選択し、[尺度]ツー
ルをクリックします。

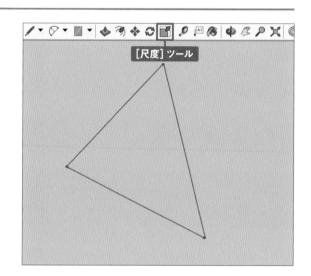

02 「均等尺度 反対側の点を基準」と表
示されるグリップをクリックし、キー
ボードから「10」と入力します。

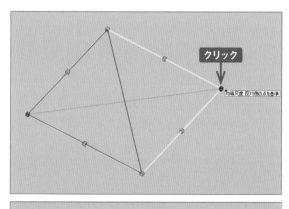

03

図形が10倍に拡大されます。画面表示を調整して図形全体を表示したら、[線] ツールをクリックします。

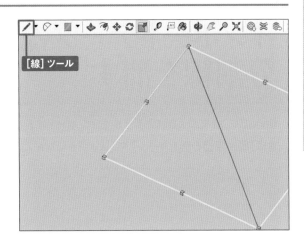

[線] ツール

> **memo** ここでは10倍にしましたが、とくに倍率が決まっているわけではないので、適宜倍率は変更してください。

04

改めて端点をつなぎながら線を引くと面が作成できます。

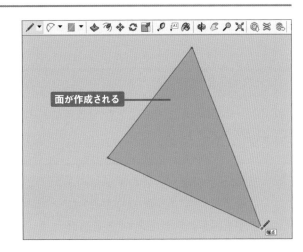

面が作成される

05

[尺度] ツールをクリックし、「均等尺度 反対側の点を基準」のグリップをクリックします。キーボードから「0.1」と入力し、図形を元の大きさに戻します。

> **memo** [測定] ツールバーを表示して、尺度の値を入力することもできます。その場合、値制御ボックスは非表示になります。

測定	
尺度	0.1

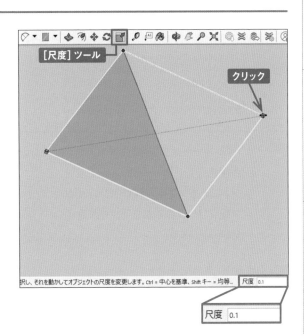

[尺度] ツール

クリック

択し、それを動かしてオブジェクトの尺度を変更します。Ctrl = 中心を基準、Shift キー = 均等... 尺度 0.1

尺度 0.1

基本操作・表示・設定

SketchUp ベストテクニック120　●　モデルの作成

chapter 2

モデルの表現

実践テクニック

便利な拡張機能

インポートデータの分割線を消す

他の3Dソフトでつくられたモデルをインポートすると、三角の面で分割されることがあります。そんなときは [同一平面の面をマージ] や [エッジをソフトニング] で分割線を消すことができます。

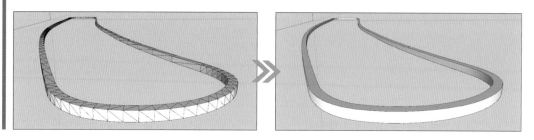

インポート時の対応

他の3DデータをSketchUpにインポートするときに、インポートオプションで [同一平面の面をマージ] にチェックを入れます。

01　[ファイル] メニューの [インポート] を選択して [インポート] ダイアログを開きます。該当ファイルを選択して [オプション] (Macは [設定]) ボタンをクリックします。

memo　ここでは3DデータをDXF形式で書き出したファイルをインポートしています。

02　[インポートオプション] ダイアログが開きます。[同一平面の面をマージ] にチェックを入れて [OK] ボタンをクリックしてからファイルをインポートします。

ファイルを開いてからの対応

[同一平面の面をマージ] でインポートしても線が消えない場合や、人からもらったSketchUpファイルでインポート元のデータがない場合などは、[エッジをソフトニング] で処理します。

01　分割されている面や線をすべて選択し、[ウィンドウ] メニューの[デフォルトのトレイ] - [エッジをソフトニング] を選択します。

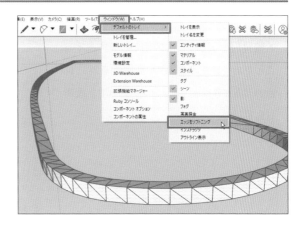

02　デフォルトのトレイに [エッジをソフトニング] が表示されます。[同一平面をソフトニング] にチェックを入れ、[法線間の角度] のスライドバーを移動してソフトニングの表示を調整します。

memo　[法線間の角度] は数値が小さすぎると線が出ますし、大きすぎるとすべてのエッジがソフトニングされてしまいます。

memo　[同一平面をソフトニング] を設定すると [プッシュ/プル] ツールが使えなくなります。

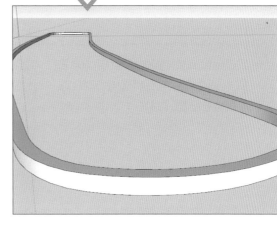

基本操作・表示・設定

SketchUp ベストテクニック120 ● モデルの作成

chapter 2

モデルの表現

実践テクニック

便利な拡張機能

取り込んだ地図の縮尺を実寸に合わせる

地図を取り込み、その上にモデルを作成して敷地図や配置図、案内図などを作成することがあります。取り込んだ地図を実寸に合わせるときは、[メジャー] ツールを使用します。

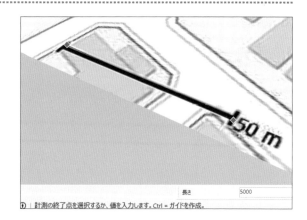

---

01 [ファイル] メニューの [インポート] を選択し、[インポート] ダイアログを開きます。取り込みたい地図画像を選択して [インポート] ボタンをクリックします。

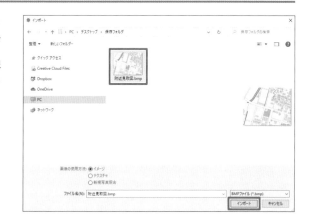

---

02 SketchUpに画像が取り込まれます。画像の対角2点をクリックして、画像を配置します。

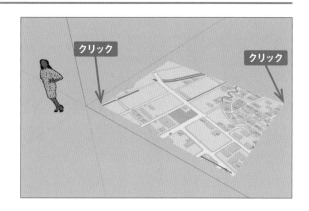

03

取り込んだ地図画像を編集可能な状態にします。画像を選択して右クリックし、[分解] を選択します。続いて右クリックし、[グループを作成] を選択します。

memo　取り込んだままの地図画像では編集できないため、一度分解してグループにします。

04

画像をダブルクリックして編集モードにします。スケール表示の50mの線を実寸50mにします。[メジャー] ツールをクリックして50mの線の両端部をクリックし、キーボードから「50000」(mm) と入力します。

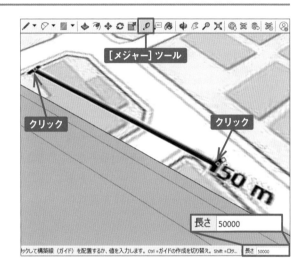

[メジャー] ツール

クリック

クリック

長さ　50000

ックして構築線 (ガイド) を配置するか、値を入力します。Ctrl =ガイドの作成を切り替え。Shift =ロッ...　長さ 50000

memo　ここではファイルの単位が「mm」に設定されているため「50000」と入力しています。「50m」と入力してもかまいません。

05

「アクティブなグループまたはコンポーネントのサイズを変更しますか?」と表示されます。[はい] ボタンをクリックします。

SketchUp

? アクティブなグループまたはコンポーネントのサイズを変更しますか?

はい(Y)　　いいえ(N)

06

画面が拡大されるため [全体表示] ツールなどで表示を元に戻します。[メジャー] ツールで50mの線の両端部をクリックして確認してみると、値制御ボックスに50000mmに近い数字が表示されます (画像では端点が正確に読み取れないため)。

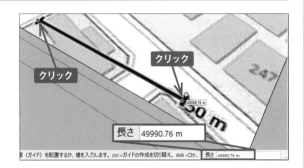

クリック

クリック

49990.76 m

長さ　49990.76 m

(ガイド) を配置するか、値を入力します。Ctrl =ガイドの作成を切り替え。Shift =ロッ...　長さ 49990.76 m

テント形状の面を作成する

円弧を含む線で囲まれた、テントのたわみのような部分に面を作成するのはなかなか難しいものです。このような形状は［等高線から］ツールを使うとかんたんに面が作成できます。

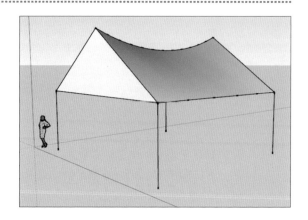

01 ここでは図のような線にテント形状の面を作成します。［選択］ツールで Shift キーを押しながら、テント形状の面が掛かる3本の線を選択します。

［選択］ツール

この3本の線を選択

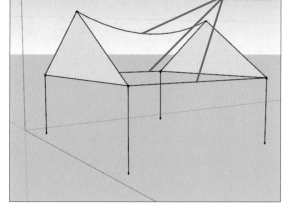

02 ［サンドボックス］ツールバーの［等高線から］ツールをクリックします。

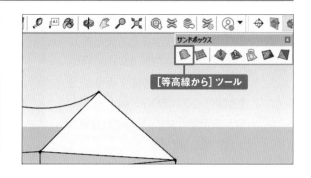

サンドボックス

［等高線から］ツール

memo ［サンドボックス］ツールバーが表示されていないときは、P011の方法で表示させてください。

03

テント形状の面が作成できました。向きを変更すると反対側の面も作成されているのがわかります。

> **memo** このツールは本来、等高線から地形を作成するためのものなので、形状によってはうまくできない場合があります。

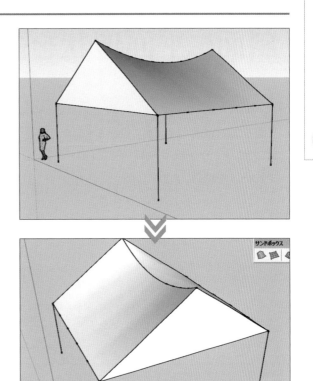

基本操作・表示・設定

SketchUp ベストテクニック120 ● モデルの作成

chapter 2

モデルの表現

実践テクニック

便利な拡張機能

斜面に平面形状を落とし込む

平面で作成した形状を斜面に投影させるに
は、[サンドボックス] ツールバーの[ドレー
プ] ツールを使用します。

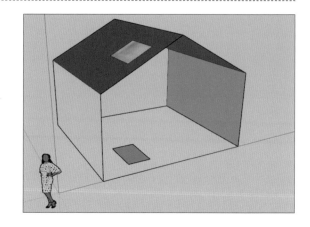

01 [サンドボックス] ツールバーの [ド
レープ] ツールをクリックします。

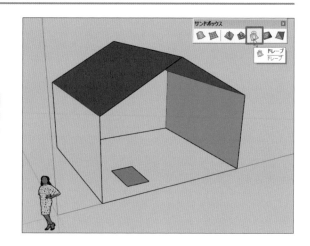

memo [サンドボックス] ツールバーが表
示されていないときは、P011の方法
で表示させてください。

02 まず、平面形状 (ここでは床にある
長方形) をクリックします。

03 続いて、投影させる斜面（ここでは左側の屋根）をクリックします。

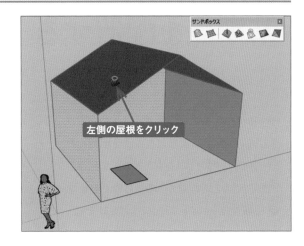

左側の屋根をクリック

04 斜面に平面形状が投影されました（ここではわかりやすいように投影された平面形状にマテリアルを付けています）。

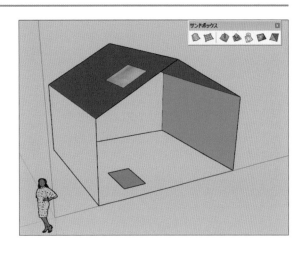

基本操作・表示・設定

SketchUp ベストテクニック120 ● モデルの作成

chapter 2

モデルの表現

実践テクニック

便利な拡張機能

基準点を配置する

SketchUpには点を作成するツールがあり
ません。平面上に基準となる点を配置した
いときには、円の [中心点を検索] が利用で
きます。このとき配置される点は小さな十字
型で、属性は「ガイドポイント」となります。

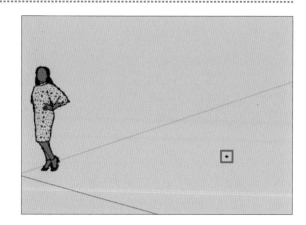

---

01 [円] ツールをクリックします。基準
点となる位置を中心に指定して円を
作成します。

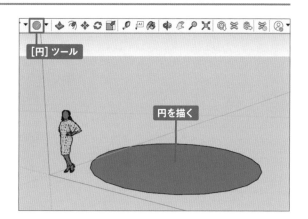

---

02 [選択] ツールで円周の線を選択し
ます。右クリックして表示されたメ
ニューから [中心点を検索] を選択
します。

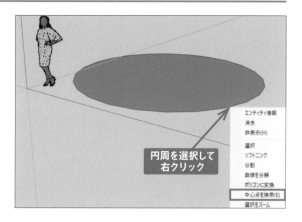

03 [Delete] キーを押すと円が削除され、中心点が残ります。これを点として使用できます。

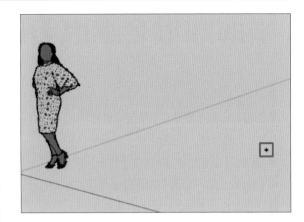

> **memo**
> ガイドポイントは移動や削除ができます。最初に円を作成するときに、基準となる位置にすでに図形があった場合は、手順03の操作でその図形も削除されてしまうことがあります。そのようなときは、最初に何もないところで円を作図し、残った中心点を[移動]ツールで移動しましょう。

> **memo**
> この方法で作成した点を印刷時に非表示にしたいときは、[表示]メニューの[ガイド]を選択して[ガイド]のチェックをはずします。この状態で印刷すれば点は印刷されません。ただし、他にガイド類を作成している場合はそれらも非表示になってしまいます。

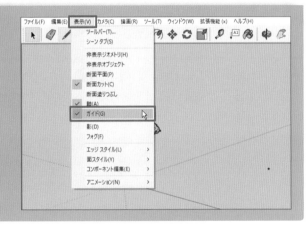

平面図形を垂直方向に起こす

平面図形の面を起こして壁状の垂直面にしたいときには、[回転] ツールを使います。通常、平面図形を選択して [回転] ツールを使うと、同一平面上の回転を指示する青い分度器が表示されますが、回転軸となる直線をドラッグで指定すると、赤、緑、または黒い分度器表示となり、ドラッグした線を基準とした垂直方向の回転が可能になります。

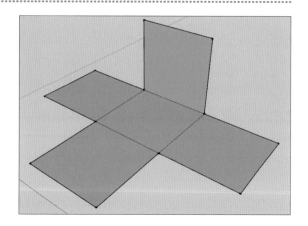

01 　[選択] ツールで回転させたい面を選択し、[回転] ツールをクリックします。

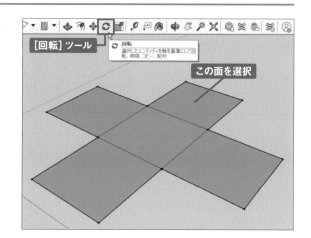

02 　回転軸となる直線をドラッグで指定します。

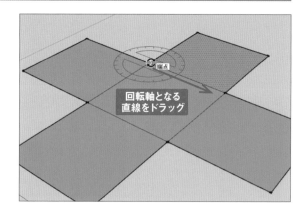

基本操作・表示・設定

SketchUp ベストテクニック120 ● モデルの作成

chapter 2

モデルの表現

実践テクニック

便利な拡張機能

03

分度器の方向と色が変化します。これで回転軸が確定しました。次に垂直方向に起こす面の端点をクリックします。

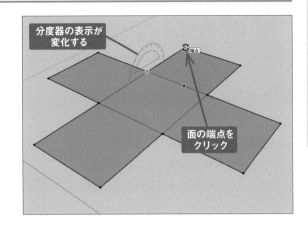

分度器の表示が
変化する

面の端点を
クリック

04

ここでは垂直に起こしたいので、キーボードから「90」と入力して **Enter** キーを押します。

> **memo** マウス移動で任意の角度に起こすこともできます。

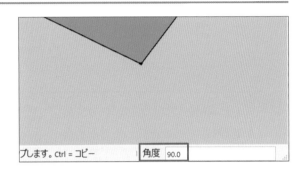

プします。Ctrl = コピー　　　角度 90.0

05

選択した面が90度回転して、垂直になりました。

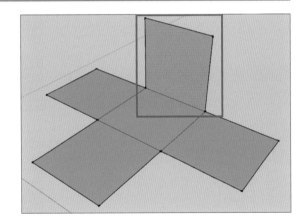

> **memo** 手順01のあとに矢印キーを押すと、手順02の指定をしなくても回転方向を確定できます。
> ➡（右矢印）キー＝回転が赤い軸方向、⬅（左矢印）キー＝回転が緑の軸方向、⬆（上矢印）キー＝回転が青の軸方向

地形を自在に変形する

サンドボックスで地形を作成するとき、通常は垂直（Z）方向のみにしか起伏させることができませんが、 Shift キーを押しながら［スムーブ］ツールを使うと、自在に変形することができます。ただし、起伏方向はクリックした面の垂直方向になります。

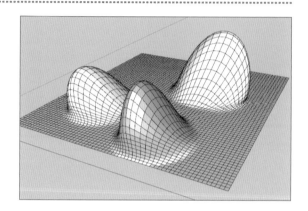

01 ［サンドボックス］ツールバーの［最初から］ツールでグリッドの面を作成し、編集モードにしたら［スムーブ］ツールで起伏を付けて地形を作成します。

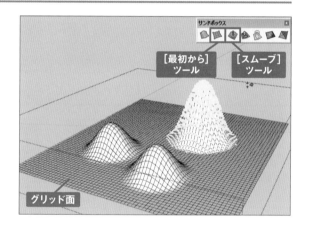

02 ［スムーブ］ツールが実行されている状態で、変形させたい起伏の面をクリックします。

memo このとき、変形させたい方向を向いている面をクリックしてください。

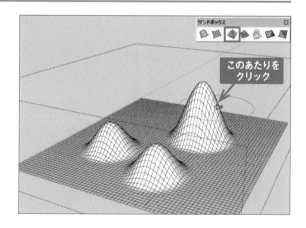

03

Shift キーを押しながらカーソルを移動すると、選択した面に垂直にスムーブします。任意の位置でクリックすると変形が確定します。

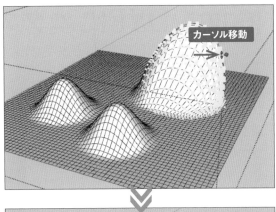

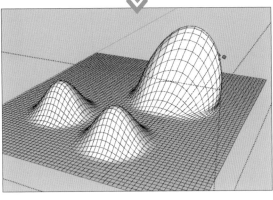

04

クリックした面によって、変形方向が変わります。

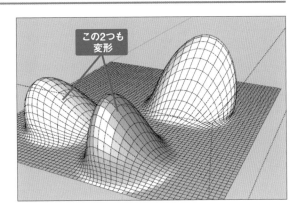

> **memo** 地形作成時に起伏が滑らかにならないときは、[最初から] ツールをクリックしたあと、値制御ボックスの [グリッド間隔] の数値を小さくしてみてください。また、[スムーブ] ツールをクリックした後に設定できる [スムーブ半径] が、グリッドに対して大きいほど滑らかな曲面となります。

断面をDXFにエクスポートする

[断面スライス]でエクスポートすると、[断面平面]ツールで作成した断面をDXFまたはDWGファイルに書き出すことができます。

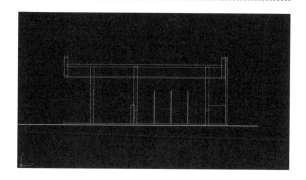

01 [断面]ツールバーの[断面平面]ツールをクリックします。断面方向をクリックで指定して断面平面を配置します。

memo [断面]ツールバーが表示されていないときは、P011の方法で表示させてください。

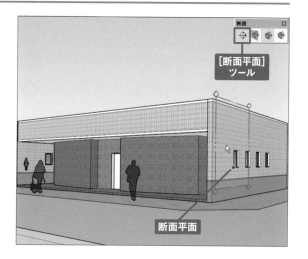

断面

[断面平面]
ツール

断面平面

02 断面平面を選択し、[移動]ツールをクリックします。断面平面をドラッグして任意の断面の位置まで移動します。

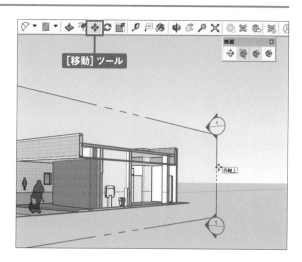

[移動]ツール

断面

赤軸上

03

[ファイル] メニューの [エクスポート] - [断面スライス] を選択します。

04

[2D断面スライスをエクスポート] ダイアログが開きます。保存先と [ファイル名] を指定し、[ファイルの種類] を [AutoCAD DXFファイル (*.dxf)] にして [エクスポート] ボタンをクリックします。

05

断面のDXFファイルが書き出されます。Jw_cadやAutoCADなどのDXFファイルに対応した2D-CADで開くことができます（図はAutoCADで開いた画面）。

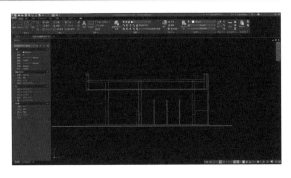

基本操作・表示・設定

SketchUp ベストテクニック120 ● モデルの作成

chapter 2

モデルの表現

実践テクニック

便利な拡張機能

断面をすばやく作成する

断面は通常、[断面平面] ツールで断面方向を設定し、[移動] ツールで断面平面を移動させて断面を作成しますが、[断面平面] ツールのまま **Shift** キーを使うと断面平面の方向を固定できるので、[移動] ツールを使わずに断面を作成できます。2020バージョン以降では、断面の塗りつぶし表示が標準機能になっています。

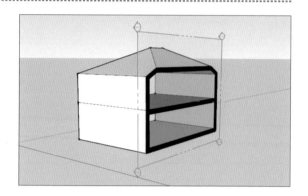

---

01 [断面] ツールバーの [断面平面] ツールをクリックします。断面平面が表示されたら、ここでは右側面側にマウスポインターを置きます（クリックはしません）。

[断面平面] ツール

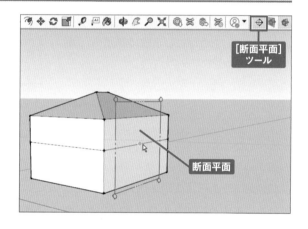

断面平面

memo [断面] ツールバーが表示されていないときは、P011の方法で表示させてください。

---

02 **Shift** キーを押しながらマウスポインターを移動すると、断面平面の方向が固定されたままでマウスポインターが動きます。カットしたいところでクリックします。

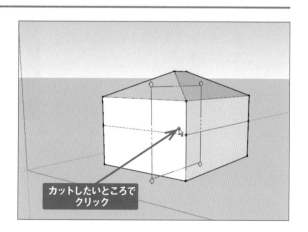

カットしたいところでクリック

memo 手順01で [断面平面] ツールをクリックした後に、矢印キー（ここでは右矢印）を押すと同様にして断面平面の方向を固定することができます。緑軸方向なら左矢印、青軸方向なら上矢印のキーを押します。

03

[断面平面名] ダイアログが表示さ
れます。必要に応じて [名前] を入力
して（ここでは初期設定のまま）、
[OK] ボタンをクリックします。

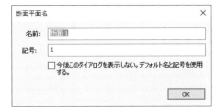

04

断面が作成されました。

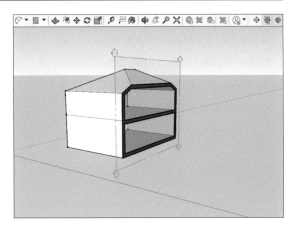

memo 断面の塗りつぶし表示は、[断面]
ツールバーの [断面塗りつぶしを表
示] をクリックしてオン／オフを切り
替えられます。

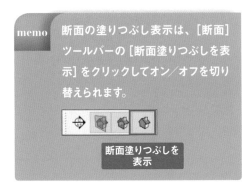

断面塗りつぶしを
表示

memo ここでは厚みを付けた面で構成された、中が空洞のモデルを使用しましたが、ソリッドモデルを使う
と、断面全体が黒く表示されます。このとき [断面] ツールバーの [断面塗りつぶしを表示] をオフに
切り替えると、断面が外形線のみの表示になります。

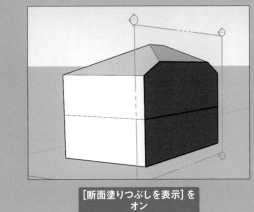

[断面塗りつぶしを表示] を
オン

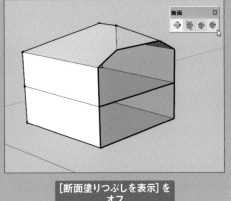

[断面塗りつぶしを表示] を
オフ

開口部をつくるコンポーネント

面に貼り付けると、同時に開口部をつくるコンポーネントを作成できます。このコンポーネントは面上で位置の移動ができ、削除すると面が穴のない元の状態に戻ります。ただし、単一の面での開口のみ有効です。厚みのある壁など面が複数ある場合は、接地面以外は開口できません。

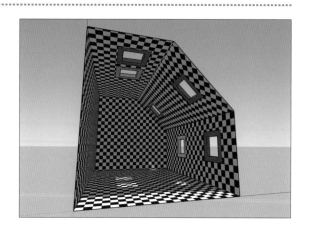

01 開口部となる枠をつくります。ここでは [長方形] ツールで描いた450×450mmの正方形に [プッシュ／プル] ツールで30mmの厚さを付け、[オフセット] ツールで75mm内側に描いた正方形を抜いて開口をつくりました。

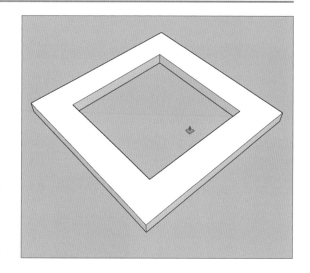

memo 面に接する部分がエッジで囲まれて中が抜けている場合は、そこが開口部になります。

02 わかりやすいように、適当な色を付けます。作成した枠をすべて選択して右クリックし、表示されたメニューから [コンポーネントを作成] を選択します。

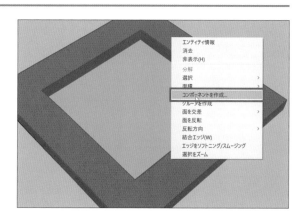

03 [コンポーネントを作成] ダイアログが開きます。[定義] にコンポーネント名を入力、[貼り付け先] で [任意] を選択し、[開口部を作成する] にチェックを入れます。[作成] ボタンをクリックしてコンポーネントを作成します。

memo [開口部を作成する] は [貼り付け先] が [なし] になっているとチェックできません。[貼り付け先] で [水平] [垂直] [傾斜] を選択すると、指定した方向の面以外には配置できないコンポーネントが作成されます。[任意] はどの面にも配置できます。

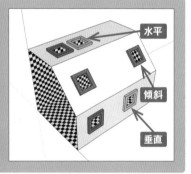

04 デフォルトのトレイから [コンポーネント] を開きます。[選択] タブの [モデル内] (家のアイコン) に作成したコンポーネントがあるので、それを選択して面上をクリックして貼り付けます。コンポーネントが配置され同時に開口部が作成されます。

memo コンポーネントをコピー&ペーストで面に貼り付けることも可能ですが、この方法だと開口されない場合があります。その場合は04のように [コンポーネント] トレイから選択して貼り付けてください。

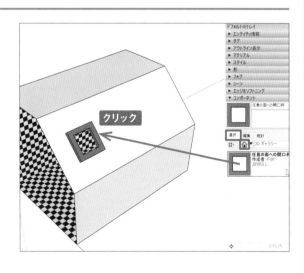

基本操作・表示・設定 ①

SketchUp ベストテクニック120 ● モデルの作成 chapter 2

モデルの表現

実践テクニック ③

便利な拡張機能 ⑤

05 ［移動］ツールで面に沿ってコンポーネントを移動すると、開口部分も追随します。

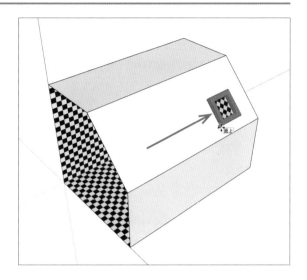

グループに入り、コンポーネントを
単一の面に配置する

基本操作・表示・設定 ①

モデルの作成 ②

SketchUp ベストテクニック120

● **モデルの表現**

chapter 3

実践テクニック ④

便利な拡張機能 ⑤

chapter

3

モデルの表現

きれいな線で画像を
エクスポートする

画像をエクスポートするときに［オプション］でピクセル数を大きくすると、相対的に線の太さが細くなり、線のギザギザが気にならないきれいな画像でエクスポートできます。

01 ［ファイル］メニューの［エクスポート］－［2Dグラフィック］を選択します。

02 ［2Dグラフィックをエクスポート］ダイアログが開きます。ここではJPGで画像をエクスポートするため、［ファイルの種類］（Macは［形式］）で［JPEGイメージ（*.jpg）］を選択し、［オプション］ボタンをクリックします。

03
[エクスポートオプション] ダイアログが開きます。[ビューサイズを使用する]のチェックをはずして、[幅]の数値を大きく(ここでは「3000」)し、[アンチエイリアス]にチェックを入れて[OK]ボタンをクリックします。

memo [高さ]の数値は[幅]の数値に連動して、自動的に入力されます。また、[線種尺度乗数]の数値を小さくすると、線の太さが細くなります。

04
[2Dグラフィックをエクスポート]ダイアログに戻ります。保存先と[ファイル名]を指定し、[エクスポート]ボタンをクリックします。

05
高解像度の画像がエクスポートされます。

memo [幅]の数値を大きくすると、ファイルサイズが大きくなります。ファイルサイズを大きくしたくない場合は注意してください。

memo PNG画像でエクスポートしたいときには、手順02の[2Dグラフィックをエクスポート]ダイアログの[ファイルの種類]で[PNGファイル(*.png)]を選択し、[オプション]ボタンをクリックします。描き出すPNG画像の背景を透過させたいときには、開いた[エクスポートオプション]ダイアログで[透明な背景]にチェックを入れます。

天井を明るくする

［シェーディングに太陽を使用する］を使うと瞬時に天井を明るくできます。ただし、室内のほかの部分の色味が変わってしまうこともあります。

01 デフォルトのトレイの［影］を開き、［シェーディングに太陽を使用する］にチェックを入れると室内のモデルが明るくなります。

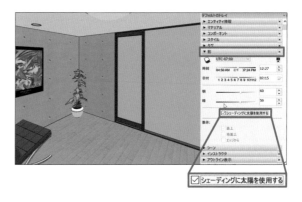

02 明るさの調整は［明］［暗］のスライドバーを動かして調整します。

memo ［時刻］や［日付］を変更すると太陽の位置が変わるため、これらによる明暗の調整も可能です。

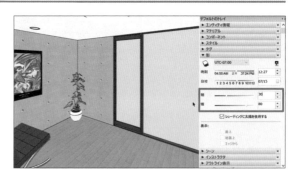

色相を固定して色調整する

テクスチャを使用したマテリアルは色調整すると思わぬ色に変化してしまうことがあります。[着色] にチェックを入れると、色相を固定した状態で色調整できます。Mac版には [着色] がありません。

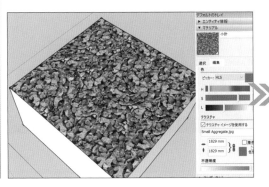 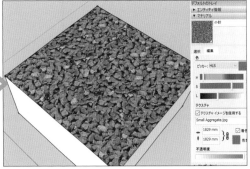

01 色調整したいマテリアルを選択します。デフォルトのトレイの [マテリアル] を開き、[編集] タブをクリックします。[着色] にチェックを入れ、[ピッカー] から任意の色指定方法を選び、スライドバーを動かして色を調整します。

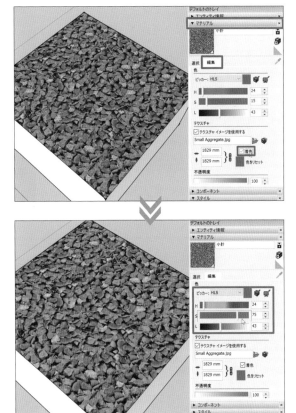

memo Macでは [色] のドロップダウンメニューから [編集] を選択します。一番下のパレットから、あらかじめ登録しておいた色を選び、スライドバーで色調整します。

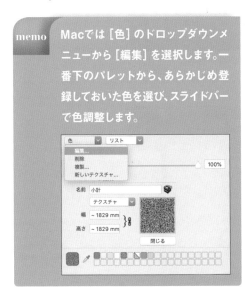

室内に陰影を付ける

陰影を付ける方法はいくつかありますが、ここでは[フォグ]を使う方法を紹介します。

01 デフォルトのトレイの[スタイル]を
開き、[編集]タブをクリックします。
[エッジ設定]ボタンをクリックし、
チェックをすべてはずします。

02 [ウィンドウ]メニューの[デフォルト
のトレイ]-[フォグ]を選択して
[フォグ]のトレイを表示します。
[フォグを表示する]にチェックを入
れ、[背景色を使用する]のチェック
をはずし、色ボタンをクリックし
ます。

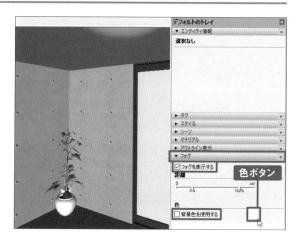

03 [色を選択] ダイアログが開きます。色を黒にして [OK] ボタンをクリックします。

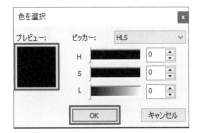

memo ここでは [ピッカー] を [HLS] にして黒色に設定していますが、デフォルトでは [カラーホイール] が表示されます。どのカラーピッカーを使ってもかまいません。

04 黒いフォグが陰影になるように、[距離] のスライドバーを調整します。ここでは [100%] を大きく左に、[0%] を少し右に移動しています。

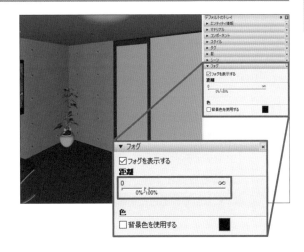

05 デフォルトのトレイの [影] を開き、[シェーディングに太陽を使用する] にチェックを入れたり、[明] [暗] のスライドバーで部屋の明るさを調整したら完成です。

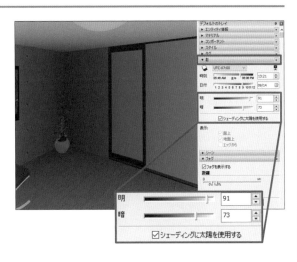

エッジの影を表示させる

影を表示すると面の影は表示されますが、エッジの影は表示されません。エッジのエンティティ情報の初期設定では［投影］が影を落とす設定になっていますが、エッジの影を投影させるためには、もうひと手間必要です。

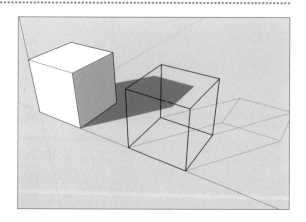

01 　まず、影を落としたいエッジをすべて選択して、デフォルトのトレイの［エンティティ情報］で、［投影］アイコンが影を落とす設定（影の部分が黒）となっていることを確認します。

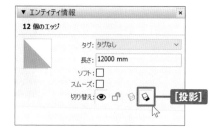

02 　［表示］メニューの［影］を選択して、影を表示する状態にします。この時点でエッジの影は表示されません。

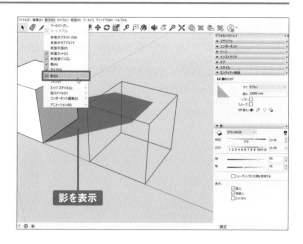

影を表示

03 デフォルトのトレイで [影] を開きます。[詳細を表示] ボタンで詳細を表示し、[表示] の [エッジから] にチェックを入れます。

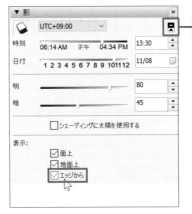

[詳細を表示] ボタン

04 これでエッジの影も投影されるようになります。

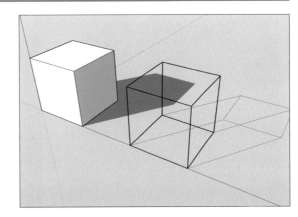

memo

[影] トレイの初期設定では、[面上] と [地面上] にチェックが入っています。[面上] はSketchUpで作成されたモデルの面に投影する設定、[地面上] はＺ座標＝０の原点を通る平面に投影する設定です。地面（Z＝0）より下にモデルを作成する場合は、両方にチェックが入っていると影が不自然に表示されてしまうため、影を表示するときは適宜チェックをはずすようにしてください。

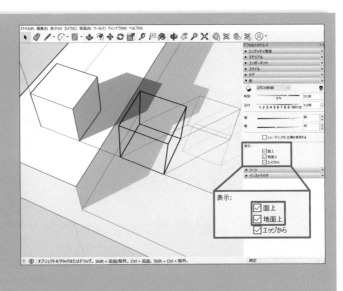

マテリアルを回転する

面に適用したマテリアルを回転したいときには、右クリックメニューの [テクスチャ] − [位置] を使います。

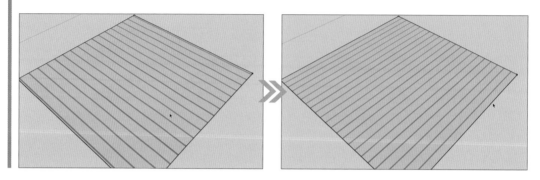

01 ここではマテリアルを90°回転します。[選択] ツールでマテリアルを回転したい面を選択し、右クリックして表示されたメニューから [テクスチャ] − [位置] を選択します。

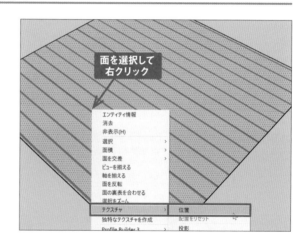

面を選択して右クリック

エンティティ情報
消去
非表示(H)
選択
面積
面を交差
ビューを揃える
軸を揃える
面を反転
面の裏表を合わせる
選択をズーム
テクスチャ　　　　　位置
独特なテクスチャを作成　　　配置をリセット
Profile Builder 3　　　　投影

02 もう一度右クリックして表示されたメニューから [回転] − [90] を選択します。

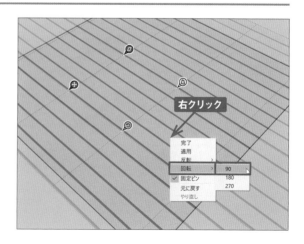

右クリック

完了
適用
反転
回転　　　90
固定ピン　　180
元に戻す　　270
やり直し

03 マテリアルが90°回転します。再度
右クリックして表示されたメニュー
から[完了]を選択します。

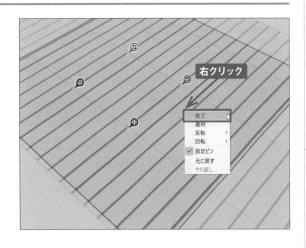

---

memo 90°のほか、180°、270°に回転させたいと
きは上記の方法で回転できます。それ以外
の任意の角度に回転したいときは、手順02
で表示される4色のピンのうち、緑のピンを
ドラッグすると、分度器が表示され、任意の
角度に回転することができます。

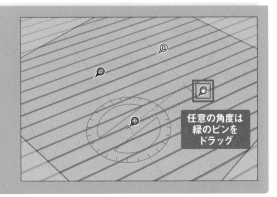

任意の角度は
緑のピンを
ドラッグ

---

column　ピンの役割

[位置]で表示された4色のピンには、次のような役
割があります。

赤のピン：基準点（テクスチャの原点）
緑のピン：回転と拡大縮小
青のピン：せん断と拡大縮小
黄のピン：台形補正

右クリックメニューの［固定ピン］のチェックをはず
すと白のピンになります。白のピンはクリックする
と位置の変更、ドラッグすると形状を変形します。

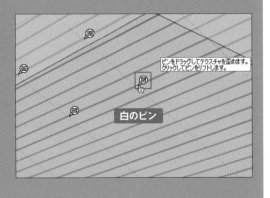

白のピン

コンポーネントなどの
マテリアルの向きを揃える

軸に平行ではないグループやコンポーネントにマテリアルを適用した場合、マテリアルの配置は原点と
その軸方向を基点としているため、意図しない向きや配置になってしまうことがあります。このような
ときには、コンポーネントの軸を変更すると、マテリアルの方向が揃います。ただし、この方法はマテリア
ルをグループまたはコンポーネント単位で適用した場合にのみ有効です。

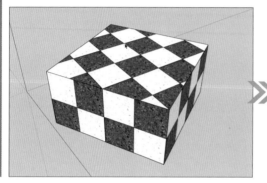 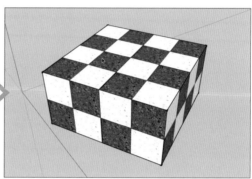

01 コンポーネントをダブルクリックし
て編集モードにしたら、[ツール] メ
ニューの [軸] を選択します。

コンポーネントを
編集モードにする

02 マウスポインターが軸形状になります。配置基準としたい任意の端点（コンポーネント内の原点）をクリックし、エッジ上をクリックして赤い軸と緑の軸の方向を設定します。

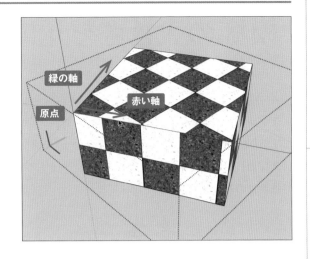

03 編集モードを終了しようとすると、「修正済みのスケッチ軸と一致するようにコンポーネント軸を更新しますか？」というメッセージが表示されます。[はい] ボタンをクリックします。

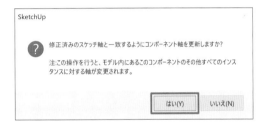

04 コンポーネント内の原点を基点としたマテリアルの向きに変わります。

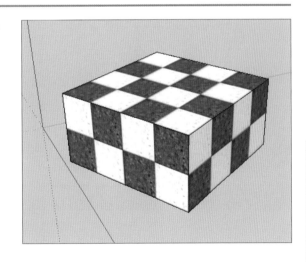

模様の大きさを元に戻す

マテリアルを適用してからコンポーネントを拡大/縮小するとマテリアルもそれに合わせて拡大/縮小するため、模様がある場合は見た目が変わってしまいます。マテリアル本来の大きさに戻すときには[尺度定義]を使います。これも前項と同じく、マテリアルをグループまたはコンポーネント単位で適用した場合にのみ有効です。

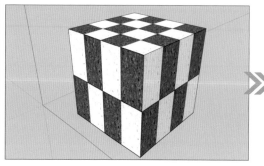 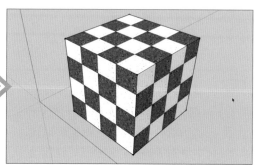

01 マテリアルを適用したコンポーネントを[尺度]ツールで拡大（縮小）したあとに、コンポーネントを選択して右クリックし、表示されたメニューから[尺度定義]を選択します。

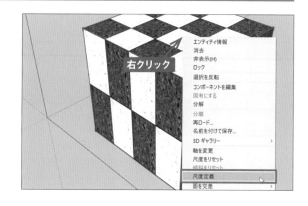

02 マテリアルが本来の大きさに戻ります。

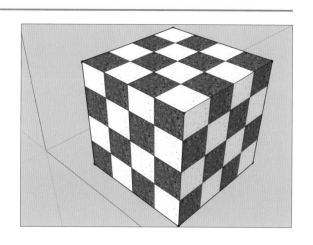

memo コンポーネントを拡大(縮小)したあとでないと、[尺度定義]は選択できません。

右クリックメニュー［テクスチャ］が
表示されないときは？

マテリアルはグループまたはコンポーネント単位で適用することができますが、この方法で適用すると編集モードにして面を右クリックしても、メニューに［テクスチャ］が表示されず、面ごとの編集ができません。このようなときは面倒ですが、**一旦マテリアルの適用を解除して各面にマテリアルを再適用します。**

01 ここではコンポーネント単位でマテリアルを適用したコンポーネントを選択し、デフォルトのトレイの［マテリアル］を開きます。［ペイントに使用するマテリアルをデフォルトに設定］ボタンをクリックすると、マウスポインターが［ペイント］ツールの表示になるので、コンポーネント上でクリックします。

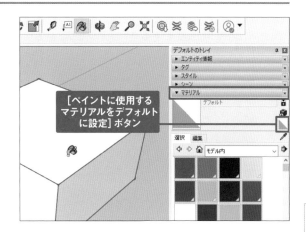

02 コンポーネントを編集モードにして、各面にマテリアルを再適用します。面を右クリックするとメニューに［テクスチャ］が表示されるようになります。

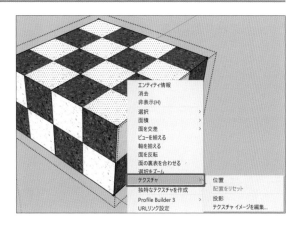

マテリアルをまとめて変更する

別のマテリアルを適用するときに、 Shift キーや Ctrl キーを押しながらクリックすると、キー操作に応じたマテリアルの一括変更が可能になります。

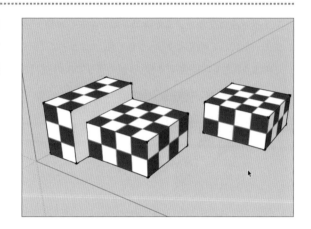

01 [ペイント] ツールをクリックします。デフォルトのトレイから [マテリアル] を開き、変更するマテリアルをクリックします。

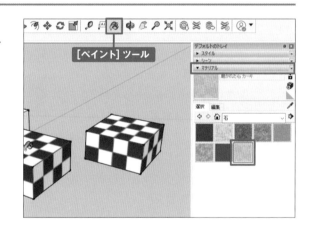

02 任意の面をクリックすると、その面のマテリアルだけが変更されます。これが通常の使い方です。

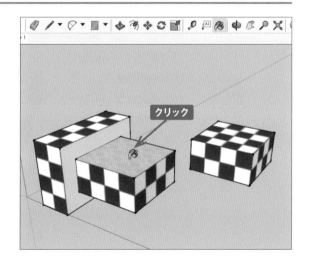

キー操作と組み合わせることで、次のようにマテリアルの一括変更ができます。

- **Shift キーを押しながらクリック**
  クリックした面と同じマテリアルであるすべての面が変更されます。このときマウスポインターは以下の表示になります。

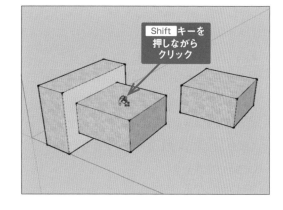

- **Ctrl キー（Macは Option キー）を押しながらクリック**
  クリックした面に接続する同じマテリアルの面が変更されます。このときマウスポインターは以下の表示になります。

- **Shift キーと Ctrl キー（Macは Option キー）を同時に押しながらクリック**
  同一のモデル上にあるクリックした面と同じマテリアルの面が変更されます。このときマウスポインターは以下の表示になります。

マテリアルをオリジナルのコレクションに登録する

既存のマテリアルは「3Dプリント」、「ガラスと鏡」などのコレクションフォルダーに分類されて登録されていますが、これらのようにオリジナルのコレクションフォルダーをつくり、そこに作成したマテリアルを登録することができます。

01 デフォルトのトレイから［マテリアル］を開き、マテリアルコレクションから［モデル内］を選択してリストを表示します。作成した任意のマテリアルをクリックします。

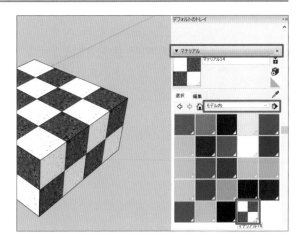

02 右クリックして表示されたメニューから［名前を付けて保存］を選択します。

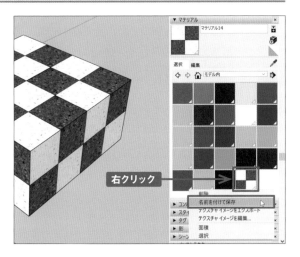

03 ［名前を付けて保存］ダイアログが開きます。保存先がSketchUpの「Materials」フォルダーになっていることを確認し、オリジナルのコレクションとするフォルダー（ここでは「Tile」）を新規作成します。そのフォルダーを開き、必要であれば［ファイル名］を変更し、［保存］ボタンをクリックします。

memo SketchUp 2021の場合、マテリアルのフォルダーのパスは以下になります。
C:¥Users¥（ユーザー名）¥AppData¥Roaming¥SketchUp¥SketchUp 2021¥SketchUp¥Materials¥

04 マテリアルコレクションに作成したオリジナルのコレクション［Tile］が追加されます。［Tile］を選択すると、リストの中に保存したマテリアルが表示されます。

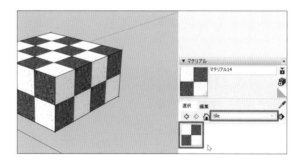

memo Macでは、手順02で右クリックして表示されたメニューから［編集］を選択し、マテリアルの名前を変更します。次に［リスト］のドロップダウンメニューから［新規］を選択して、フォルダー（ここでは「マイテクスチャ」）を作成します。編集モードを終了して、パレット左下のマテリアルを「マイテクスチャ」にドラッグ&ドロップすれば、登録完了です。

ドラッグ&ドロップ

画像をマテリアルリストに登録する

外部にある画像をマテリアルとして面に適用する前にマテリアルリストに登録したいときには、[マテリアルを作成] ダイアログの [テクスチャイメージを使用する] を使います。

01
デフォルトのトレイの [マテリアル] を開き、[マテリアルを作成] ボタンをクリックします。

memo
Macでは [色] のドロップダウンメニューから [新しいテクスチャ] を選択して、手順03に進みます。

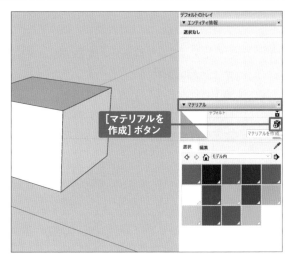

[マテリアルを作成] ボタン

02
[マテリアルを作成] ダイアログが開きます。[テクスチャイメージを使用する] にチェックを入れます。

memo
手順01で [マテリアルを作成] ボタンをクリックしたときに、任意のマテリアルが選択状態にあると、そのマテリアルを編集するような画面になりますが、そのまま手順02以降の操作をしてかまいません。

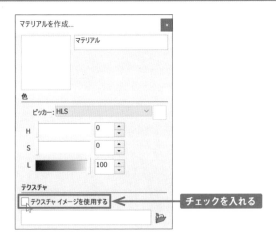

チェックを入れる

03 [イメージを選択]ダイアログが開きます。マテリアルリストに登録したい画像を選択して[開く]ボタンをクリックします。

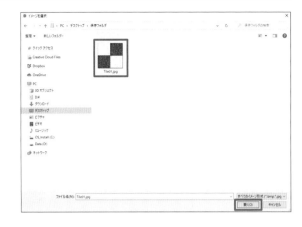

04 [マテリアルを作成]（Macでは[マテリアルを編集]）ダイアログに戻り、画像がマテリアルとして取り込まれます。必要であればマテリアル名の変更や、幅と高さの調整などをおこない、[OK]ボタンをクリックします。

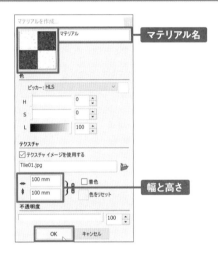

マテリアル名

幅と高さ

05 選択した画像がマテリアルリストに登録されます。

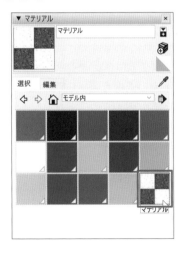

リストにない画像を
面に適用する

マテリアルリストに登録されていない画像を直接面に適用したいときは、[ファイル]メニューの[インポート]を使います。

01 [ファイル]メニューの[インポート]を選択します。

02 [インポート]ダイアログが開きます。面に適用したい画像を選択して[テクスチャ](Macでは[テクスチャとして使用])を選択し、[インポート]ボタンをクリックします。

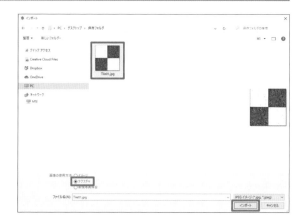

03 画像をマテリアルとして適用したい
面の端点でクリックし、対角の任意
点でクリックします。

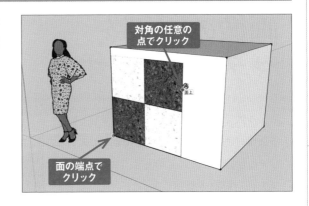

04 画像が面に貼り付けられ、[モデル
内]のマテリアルリストに登録され
ます。画像の大きさを調整したいと
きは、デフォルトのトレイの[マテリ
アル]を開き、[色抽出]ボタンをク
リックして貼り付けた画像をクリッ
クします。[編集]タブをクリックし
て、幅と高さの数値を調整します。

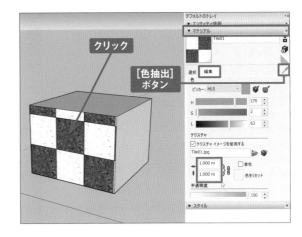

> **memo** Macでは[モデル内の色]に登録さ
> れたマテリアルのアイコンを右ク
> リックし、メニューから[編集]を選
> 択して、数値を調整します。

05 画像の大きさが調整されます。

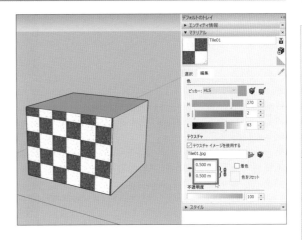

画像の一部を
マテリアルにする

モデル内でマテリアルとして適用されている画像は、さらにその一部を指定してマテリアル登録できます。このとき [独特なテクスチャを作成] を使用します。

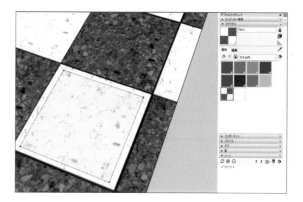

---

01 [線] ツールをクリックしてマテリアルにしたい部分を線で囲みます。[選択] ツールで囲んだ部分を選択し、右クリックして表示されたメニューから [独特なテクスチャを作成] を選択します。

---

02 デフォルトのトレイの [マテリアル] を開くと、[モデル内] に線で囲んだ部分がマテリアルとして登録されていることが確認できます。

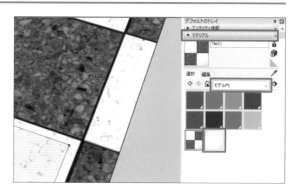

マテリアルをエクスポートする

マテリアルを画像としてエクスポートするときは、[テクスチャイメージをエクスポート]を使います。なお、Mac版にはこの機能はありません。エクスポートできるのは [モデル内] のマテリアルに限られるので、[モデル内] 以外にあるマテリアルは、[モデル内] に追加する必要があります。

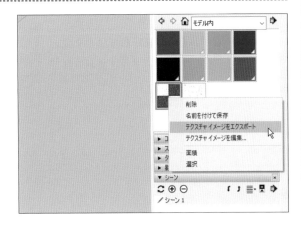

01 デフォルトのトレイの[マテリアル]を開きます。[モデル内]にある任意のマテリアルを右クリックして表示されたメニューから [テクスチャイメージをエクスポート] を選択します。

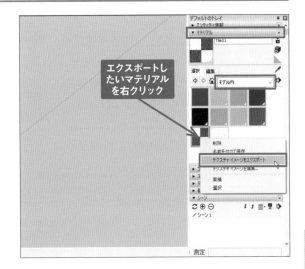

エクスポートしたいマテリアルを右クリック

> **memo** [モデル内] 以外のマテリアルをエクスポートするときは、そのマテリアルを右クリックし、[モデルに追加] を選択してから上記の操作をおこないます。

02 [ラスターイメージをエクスポート]ダイアログが開きます。保存先と[ファイル名]、[ファイルの種類]を指定して、[エクスポート] ボタンをクリックします。

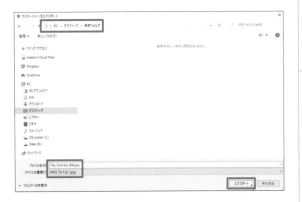

組み合わせたマテリアルを登録する

複数のマテリアルを組み合わせた状態で1つのマテリアルとして登録したいときには、右クリックメニューの［テクスチャの組み合わせ］を使います。

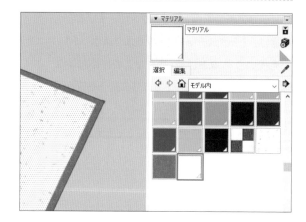

01

ここでは2つの面に別々のマテリアルを適用して組み合わせた状態を1つのマテリアルとして登録します。［選択］ツールでマテリアルを組み合わせた面をすべて選択し、右クリックして表示されたメニューから［テクスチャの組み合わせ］を選択します。

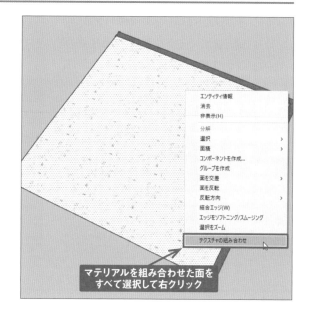

マテリアルを組み合わせた面をすべて選択して右クリック

02

「内側のエッジを消去しますか?」とメッセージが表示されます。［はい］ボタンをクリックします。

基本操作・表示・設定 1

モデルの作成 2

SketchUp ベストテクニック 120 ● モデルの表現

chapter 3

実践テクニック 4

便利な拡張機能 5

03 デフォルトのトレイの［マテリアル］
を開き、［選択］タブの［モデル内］
を表示すると、選択した複数の面の
マテリアルが1つのマテリアルとし
て追加されていることが確認でき
ます。

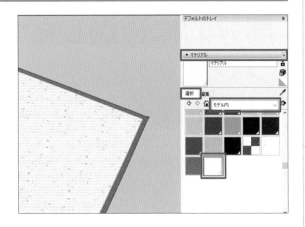

04 上記のマテリアルを大きめの面に適
用すると、タイル状に表示されます。

memo　組み合わせるマテリアルがすべて
「色」で構成されていると、この機能
は使えません。1つ以上は画像を使っ
たマテリアルにする必要があります。

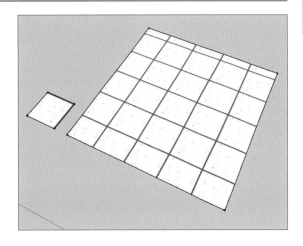

部分的に透過したマテリアルを
つくる

「造園、フェンスと生垣」マテリアルコレク
ションにある「フェンス」マテリアルを使っ
て、部分的に透過したマテリアルをつくる
方法を紹介します。「フェンス」マテリアル
は網以外が透過しているため、この部分を
利用します。ここでは、右側を部分的に透過
させる長方形の例で説明します。

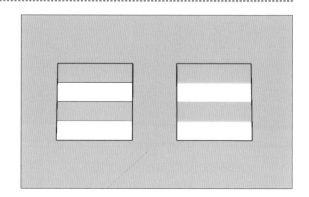

01 [長方形]ツールで透過させる部分
の長方形と、透過させない部分の長
方形を並べて作成します。[ペイント]
ツールをクリックし、デフォルトのト
レイから[マテリアル]を開き、「フェ
ンス」マテリアルを選択します。右側
の長方形をクリックしてマテリアル
を適用します。

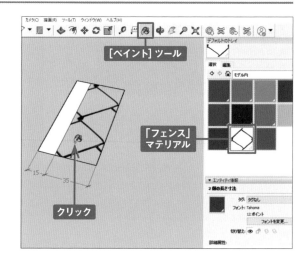

memo 初期設定では、「フェンス」マテリア
ルは「造園、フェンスと生垣」マテリ
アルコレクションにあります。

02 適用した「フェンス」マテリアルを右
クリックして、表示されたメニューか
ら[テクスチャ]→[位置]を選択し
ます。

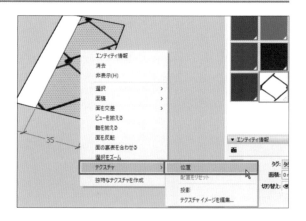

03 4色のピン（P109参照）が表示されます。緑のピンをドラッグして、右側の長方形が網にかからない位置まで拡大したら、右クリックして[完了]を選択します。これで右側の長方形が透過した状態になりました。

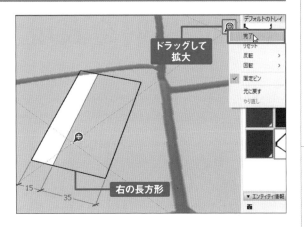

04 左側の長方形に[ペイント]ツールで任意のマテリアル（ここではグレー）を適用したら、**Ctrl** キーを押しながら[選択]ツールで2つの長方形を選択します。右クリックして表示されたメニューから[テクスチャの組み合わせ]を選択します。

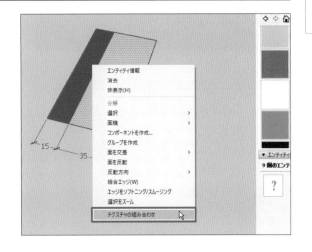

05 「内側のエッジを消去しますか?」とメッセージが表示されます。[はい]ボタンをクリックします。

06 右側を透過した長方形のマテリアルが作成されました。

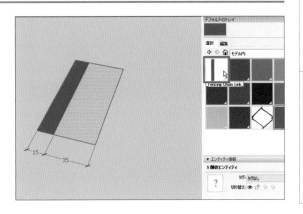

床面の反射を表現する

モデルを反転複写して床を半透明にすると、家具や建具が映り込んだ反射の表現ができます。

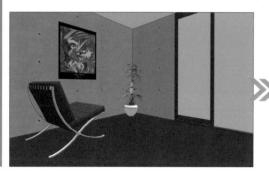

01 ここでは部屋のモデルを使用します。反射させたいモデル（ここでは部屋のすべて）を選択し、右クリックして[グループを作成]でグループにします。[編集]メニューの[コピー]を選択し、続けて[編集]メニューの[所定の位置に貼り付け]を選択します。

02 同位置にモデルがコピーされます。[尺度]ツールをクリックします。

03 「青の尺度　反対側の点を基準」と表示される2つのグリップのうち、上のほうのグリップをクリックし、キーボードから「-1」と入力します。コピーされたモデルが下方向に反転します。

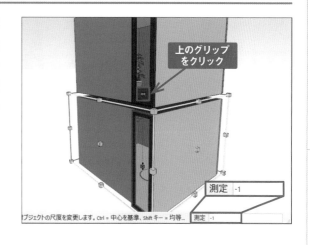

04 反転したモデルを選択し、編集モードにします。[表示] メニューの [コンポーネント編集] - [モデル内の残りを非表示] を選択して元 (上部) のモデルを非表示にします。反転したモデルの床を選択し、Delete キーを押して削除します。

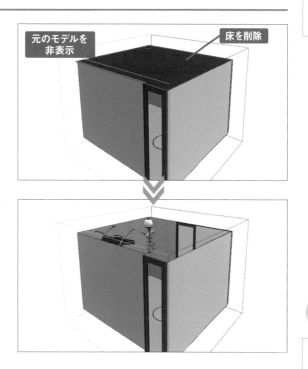

05 再度、[表示] メニューの [コンポーネント編集] - [モデル内の残りを非表示] を選択して元 (上部) のモデルを表示します。ここでは上下のモデルに隙間があるため、[移動] ツールで上下のモデルの合わせたい端点をそれぞれクリックし、隙間をなくします。

06 元（上部）のモデルの室内の床が表示されるアングルにします。［ペイント］ツールをクリックし、Alt キーを押しながら床をクリックしたらデフォルトのトレイの［マテリアル］を開き、［編集］タブをクリックします。

07 ［不透明度］のスライドバーを左に移動すると、床が透過されて反転したモデルが映り込み、床面の反射が表現できるようになります。

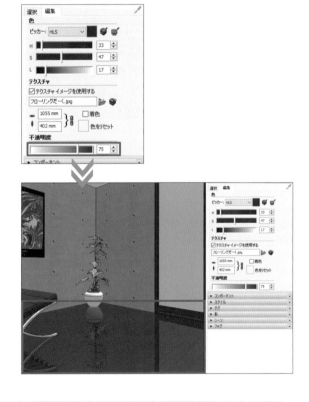

memo　水辺の建物ならこの方法で水面の反射を表現できます。

ステンレスを表現する

鏡面のマテリアルなら[ガラスと鏡]内に
[鏡01][鏡02]がありますが、ここではデ
フォルトの金属のマテリアル[光沢のある
波状の金属]を加工して、図のようなステン
レス表現をつくる方法を紹介します。

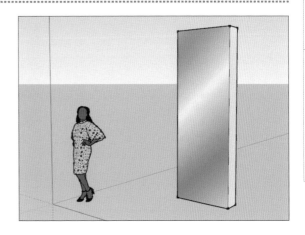

01 デフォルトのトレイの[マテリアル]
を開きます。マテリアルコレクション
から[金属]を選択し、リストの中か
ら[光沢のある波状の金属]を選択
します。

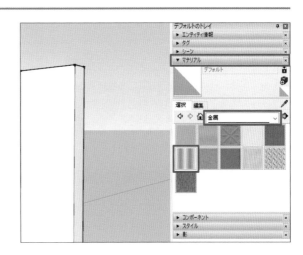

02 任意の面をクリックして、マテルアル
を適用します。

03 マテリアルを適用した面を選択し、右クリックして表示されたメニューから [テクスチャ] － [位置] を選択します。

04 4色のピンが表示されます。赤のピンを左上方向にドラッグして、マテリアルの原点を移動します。

> **memo** 赤のピンはマテリアルの原点を示します。ドラッグするとマテリアルの原点を移動できます。

05 次に緑のピンを大きく時計回りにドラッグして、マテリアルを拡大しながら回転します。

> **memo** 緑のピンをドラッグすると、赤のピンを基準点として回転や拡大・縮小がおこなえます（P109参照）。

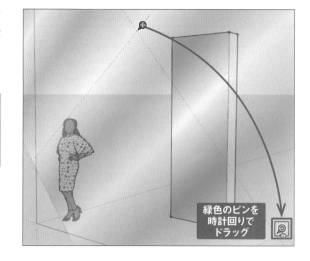

06 光沢部分が面の中央にくる位置でド
ラッグを終了し、右クリックして表示
されたメニューから[完了]を選択し
ます。

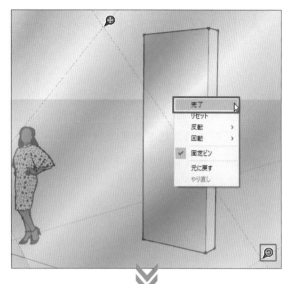

memo　作成したステンレス表現のマテリアルは、デフォルトのマテリ
アルを加工しているため、この状態でマテリアル保存できま
せん。他の面にこのマテリアルを適用したいときには、[マテ
リアル]の[色抽出]ボタンで作成したマテリアルをクリック
してから、他の面に適用します。

太陽の反射光を表現する

太陽の反射光は画像処理ソフトなどで作
成した反射光の画像を透明情報を持つ
PNG形式で保存し、それをインポートする
のが速くてかんたんです。

01 PhotoshopやGIMPなどの画像処
理ソフトを使って、図のような背景を
透明にした反射光の画像を作成し、
PNG形式で保存しておきます。
[ファイル] メニューの [インポート]
を選択します。

02 [インポート] ダイアログが開きま
す。作成しておいたPNG形式の反射
光の画像を選択し、[イメージ] を選
択したら [インポート] ボタンをク
リックします。

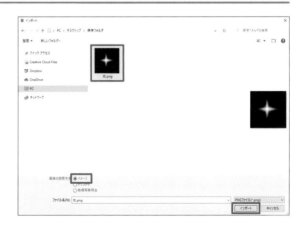

03 モデル内の適当な2点をクリックして、画像を取り込みます。

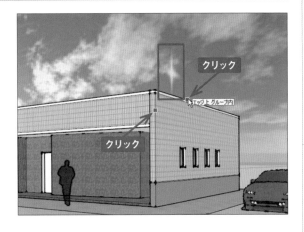

04 取り込んだ画像を選択し、[回転]ツールをクリックします。回転の中心と回転軸を指定して視線に対して垂直になる位置に回転移動します。

[回転] ツール

視線に対して垂直に
なる位置へ回転移動

05 [移動] ツールを使って上下左右の位置の調整をします。

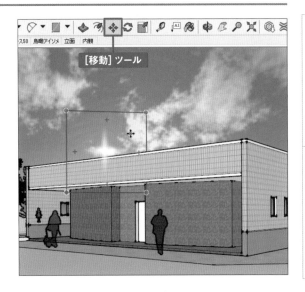

[移動] ツール

背景画像を挿入する

モデルに空や雲などの背景を挿入したいときは、背景となる画像を用意しておき、[透かし] を使って挿入します。

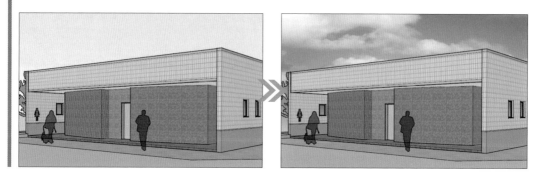

01 デフォルトのトレイから [スタイル] を開き、[編集] タブをクリックして [透かし設定] ボタンをクリックします。[透かしを表示] にチェックが付いていることを確認して、[透かしを追加] ボタンをクリックします。

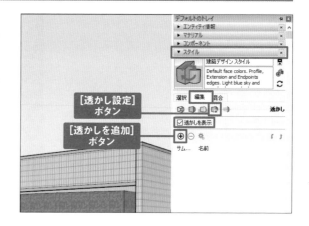

02 [透かしを選択] ダイアログが開きます。背景にする画像を選択し、[開く] ボタンをクリックします。

03 ［透かしを作成］ダイアログが開きます。［背景］を選択して［次へ］ボタンをクリックします。

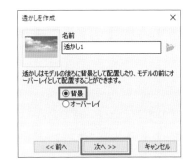

04 ［ブレンド］のスライドバーがイメージ側にあることを確認して［次へ］ボタンをクリックします。

memo スライドバーを背景側に移動すると、透明度が高くなります。

05 ［画面に合わせて伸縮］がオンになっていることを確認し、ここでは［アスペクト比を固定する］のチェックをはずして［完了］ボタンをクリックします。選択した画像が背景として挿入されます。

memo ［アスペクト比を固定する］にチェックが入っていると、この例では背景の両端が切れてしまうため、チェックをはずしています。画像とモデルのバランスによってチェックの有無を切り替えてください。

背景にスカイドームを使う

スカイドームとは半球のオブジェクトに空の画像を貼り付けたもので、3D Warehouseからダウンロードできます。ここではスカイドームをダウンロードして背景に設定する方法について説明します。

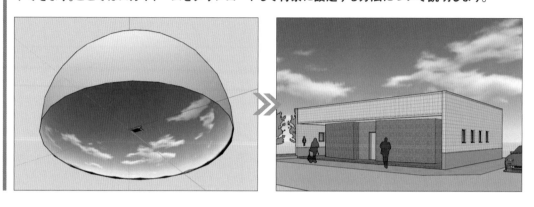

01 背景を入れたいモデルのファイルを開き、[3D Warehouse]ツールをクリックします。

[3D Warehouse]
ツール

> **memo** このあと取り込むスカイドームが大きいため、モデルはズームアウトした状態で表示しておくことをお勧めします。

02 [3D Warehouse]ウィンドウが開きます。ボックスに「skydome」と入力して検索します。ここでは「モデル」タブにある「skydome _ midmorning」のダウンロードボタンをクリックします。

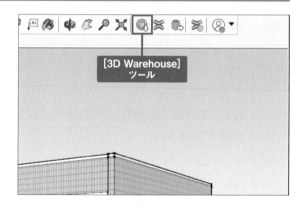

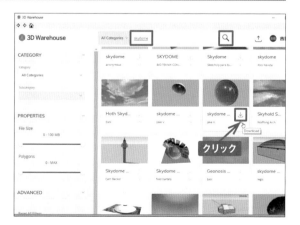

クリック

03 確認メッセージが表示されます。[はい] ボタンをクリックします。

04 スカイドームが取り込まれます。軸の原点寄り位置をクリックして、配置します。

クリック

05 まず、スカイドームの底面部分が地面に垂直になるように回転します。[カメラ] メニューの [平行投影] を選択してから、[ビュー] ツールバーを表示して [平面] ツールをクリックします。

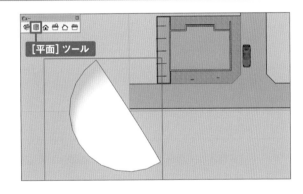

[平面] ツール

06 [回転] ツールをクリックし、スカイドームの底面部分が緑の軸に沿う（平行になる）ように回転します。これで底面部分が地面に垂直になります。

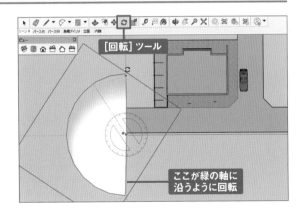

[回転] ツール

ここが緑の軸に
沿うように回転

基本操作・表示・設定 ①

モデルの作成 ②

SketchUp ベストテクニック120 ● モデルの表現 ③

実践テクニック ③

便利な拡張機能 ⑤

07 次にスカイドームの底面部分が地面に水平になるように回転します。[ビュー] ツールバーの [正面] ツールをクリックしてビューを変更します。[回転] ツールをクリックします。

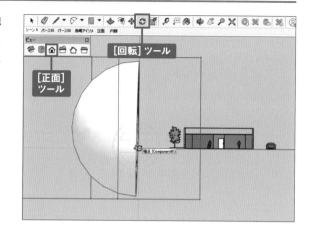

08 スカイドームの底面部分が地面（赤い軸）に沿う（平行になる）ように回転します。これで底面部分が地面に水平になります。

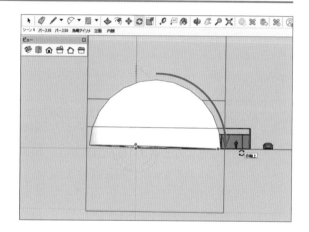

09 [尺度] ツールをクリックします。「均等尺度」と表示される任意のグリップをクリックし、キーボードから拡大倍率（ここでは「20」）を入力します。

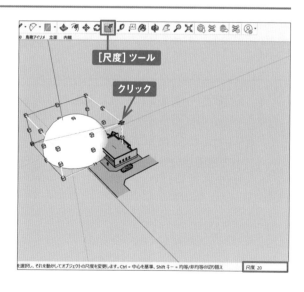

10 [移動] ツールをクリックします。建物が中央の位置で覆われるようにスカイドームの位置を調整します。2019以前のバージョンでは [X線] ツールをオンにしておくと、建物の位置を確認しながら移動できます。

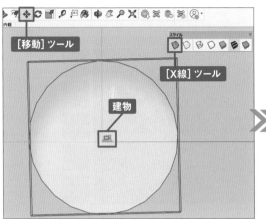

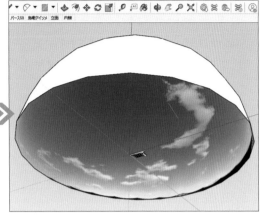

11 [オービット] ツールや [パン] ツール、画面の拡大／縮小などを使って、建物のモデルを元の表示に戻すとスカイドームが背景になっていることが確認できます。

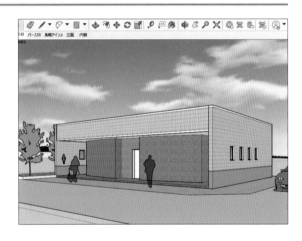

memo 建物の定型表示をあらかじめシーンに登録しておけば、ツールで画面表示を調整しなくてもシーンタブをクリックするだけで元の表示に戻れます。

memo スカイドームの境界線が見えてしまう場合は、デフォルトのトレイから [スタイル] を開き、[編集] タブをクリックして [背景設定] ボタンをクリックします。[地面] にチェックを入れ、[透明度] のスライダーを左端に移動すると、境界線が見えなくなります。

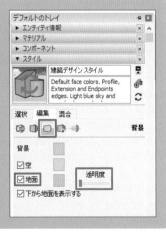

3D Warehouseモデルの マテリアルをダウンロードする

3D Warehouseにはダウンロード可能な SketchUpモデルが豊富に用意されていま す。モデルデータをダウンロードしなくて も、モデルで使われているマテリアルのみを ダウンロードして直接ペイントすることが できます。手早く目的のマテリアルのみを取 り込むことができるので、とても便利です。

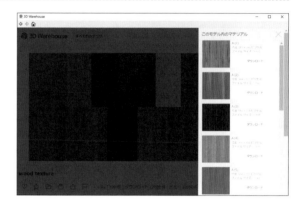

01 [3D Warehouse] ツールをクリッ クします。[3D Warehouse] ウィ ンドウで3D Warehouseが表示さ れます。

[3D Warehouse] ツール

memo 3D Warehouseの初回利用時には ログインが必要です。

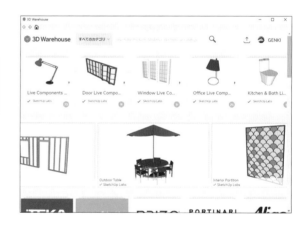

02 欲しいマテリアルに関連するカテゴ リを[すべてのカテゴリ]から選択す ることもできますが、ここでは検索 欄に「wood texture」と入力して木 目のテクスチャを検索します。ここ では [モデル] タブの検索結果から 任意のモデルをクリックします。

ここではこれを クリック

03 選択したモデルのマテリアル数やポリゴン数などが表示されます。ここでモデル自体をダウンロードせずに、最下部にある[詳細を表示]をクリックします。

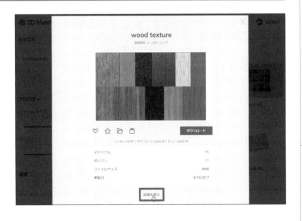

04 モデルの詳細が表示されます。右の[モデル情報]欄の[マテリアル]をクリックします。

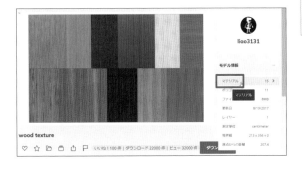

05 モデル内で使われているマテリアルがリスト表示されます。欲しいマテリアルの[ダウンロード]ボタンをクリックします。

memo 英語の利用規約が表示されたら、翻訳ツールなどを使って内容を確認し、最下段の[By Clicking Here, I Accept The Above Terms]をクリックして規約に同意する必要があります。

By Clicking Here, I Accept The Above Terms

06 ダウンロードしたマテリアルは、[マテリアル]トレイの[モデル内]に保存され、[ペイント]ツールにセットされた状態となります。編集中の図形やコンポーネントなどをクリックすると、ダウンロードしたマテリアルが適用されます。

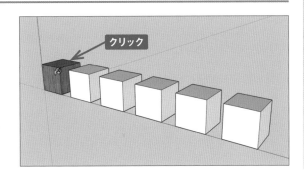

クリック

線画の重なり部分を
離して表示する

3Dモデルを[直線]スタイルで表示したときにモデル同士の線が重なっている部分を離して表示することができます。このように表示したいときは[スタイル]の[エッジ設定]にある[ハロー]を使います。

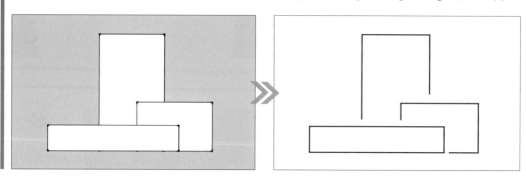

01 ここでは立面図の状態にしたビューで実行してみます。[カメラ]メニューから[平行投影]、続けて[標準ビュー]－[正面]を選択します。

> **memo** ここでは立面図の状態にするため[平行投影]に設定していますが、本項目の操作は[カメラ]メニューの[遠近法]に設定されていても実行可能です。

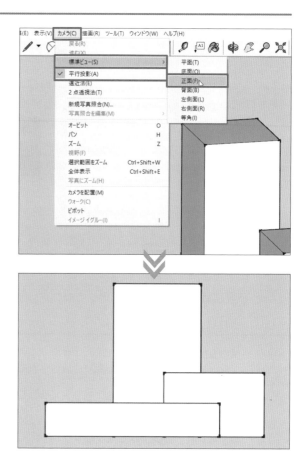

02　デフォルトのトレイから[スタイル]を開き、[選択]タブのスタイルコレクションから[直線]を選択します。

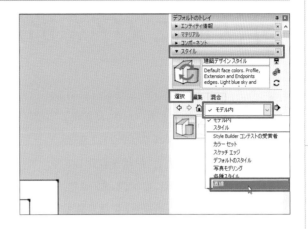

03　[直線]のスタイルから、ここでは[直線02ピクセル]を選択します。

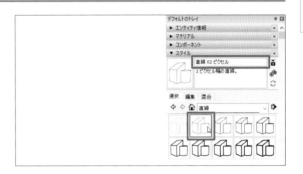

04　[編集]タブをクリックし、[エッジ設定]ボタンをクリックします。[ハロー]のチェックを確認し、右の欄の数値を調整（ここでは「10」）すると、3Dモデルの線の重なり部分が離れて表示されます。

> **memo**　手順03で選択したスタイルは、スタイルビルダーで作成されたスタイルです。[ハロー]はスタイルビルダーで作成されたスタイルに設定できます。右の欄の数値を大きくすると、重なり部分の間隔が広くなります。

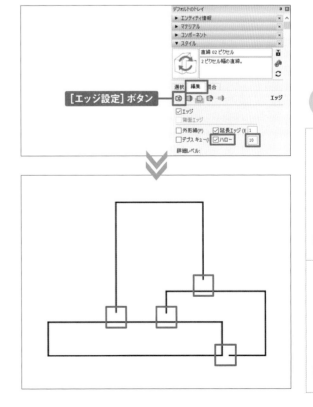

寸法値に文字を追加する

寸法値に文字を追加したいとき、[選択]
ツールで寸法値をダブルクリックして直接
文字を追加するだけだと、形状が変化して
も更新されない寸法値になってしまいます。
寸法値を「<>」（半角不等号）に置き換え
て、前後に任意のテキストを追加すると、形
状に合わせて寸法値が更新する状態が保
てます。

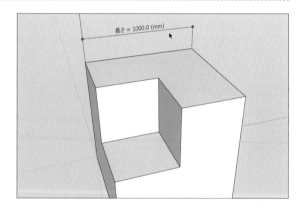

01 任意の寸法線を作図します。[選択]
ツールで寸法値をダブルクリックし
て、寸法値の編集モードに移行し
ます。

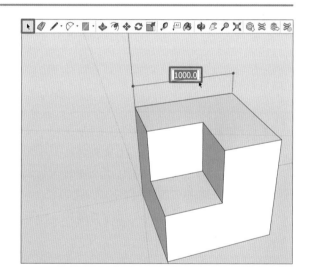

memo 寸法値の表示に関しては、[ウィンドウ]メ
ニューの[モデル情報]で開く[モデル情
報]ダイアログの[寸法]や[単位]で設定
できます。ここでは、単位を文字として追加
するため、[単位]の[単位形式を表示]の
チェックをはずしています。

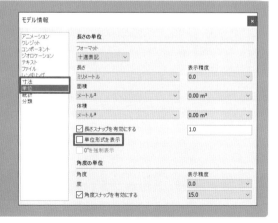

02 寸法値を表示したい部分を「<>」（半角不等号）に置き換え、その前後に付加したいテキストを入力します。ここでは、「長さ ＝ <> (mm)」と入力しました。

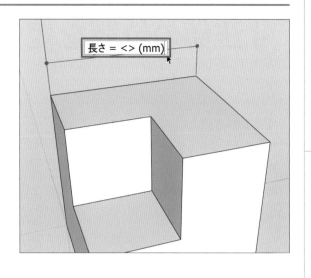

長さ = <> (mm)

03 Enter キーを押すか、編集状態を解除（選択を解除）すると、「<>」の部分が寸法値に置き換わります。

長さ = 1000.0 (mm)

04 形状を変更すると、寸法値も形状に合わせて変化することが確認できます。

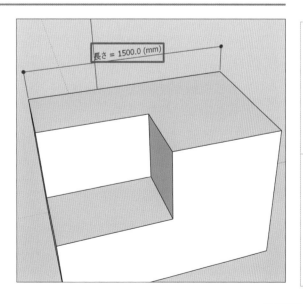

長さ = 1500.0 (mm)

> **memo** 文字を追加した寸法値を再びダブルクリックして編集しようとすると、<> の数値は、その時点の長さを示す数値テキストに置き換わって固定化されてしまいます。このままでは形状の変更に応じて値が変化しないので、寸法値部分はもう一度「<>」に書き換える必要があります。

寸法値の位置を変更する

寸法を書いたあとに、寸法値の位置を変更する方法を紹介します。寸法値を寸法線の片側に移動する方法と、寸法線の上下に移動する方法があります。

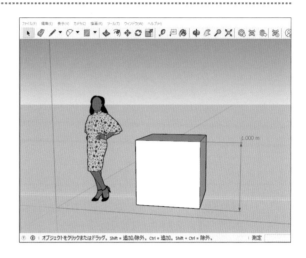

01 寸法値を寸法線の片側に移動します。[選択]ツールで記入した寸法を選択して右クリックします。表示されたメニューから[テキスト配置]をクリックし、[始点の外側]を選択すると寸法値が始点の外側へ移動します。

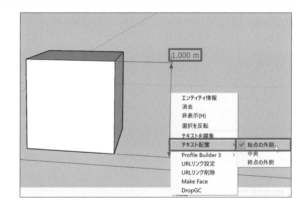

02 [中央]は初期設定の位置です。[終点の外側]を選択すると、寸法値が終点の外側へ移動します。

memo 始点・終点は、寸法を書くときに指定した2点のことです。

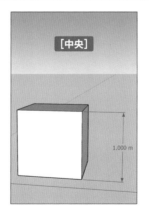

03 寸法値を寸法線の上下に移動します。[選択]ツールで記入した寸法を選択して、[ウィンドウ]メニューの[モデル情報]を選択します。表示された[モデル情報]ダイアログで[寸法]を選択し、[寸法線に揃える]をオンにして、その右側で[上]を選択します。[選択した寸法を更新]ボタンをクリックします。

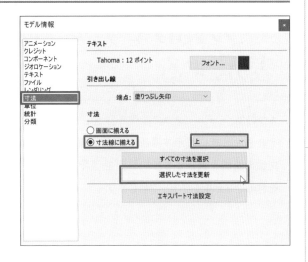

04 寸法値が寸法線の上へ移動します。[中央]は初期設定の位置です。[外側]を選択すると、寸法値が寸法線の下へ移動します。

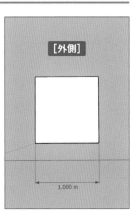

memo 上部にある水平寸法、または左側にある垂直寸法では、[上]と[外側]のどちらを選択しても同じ位置になります。

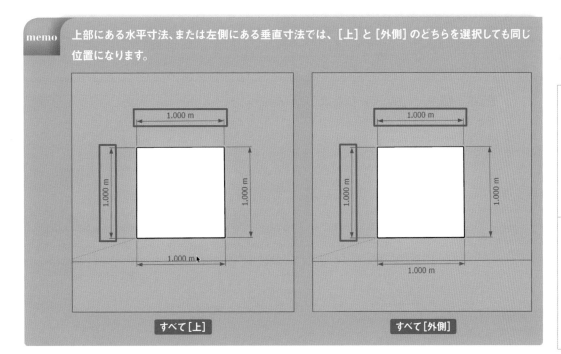

SketchUp ベストテクニック120 ● モデルの表現

1つの3Dモデルに2つの断面を表示する

1つの3Dモデルに2つの断面を設定して、それらを同時に表示することができます。複数の断面を表示するときには、断面平面を含めてモデルをグループにします。

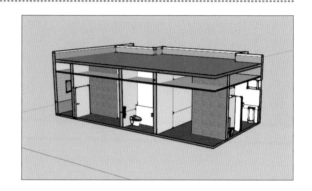

01　[断面]ツールバーの[断面平面]ツールをクリックして、任意の断面（ここでは右側面側）を作成します。

> **memo**　[断面]ツールバーが表示されていないときは、P011の方法で表示させてください。

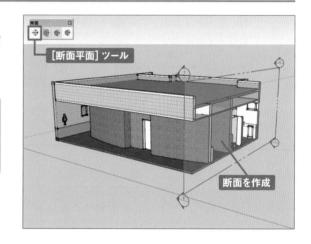

[断面平面]ツール

断面を作成

02　Ctrl＋Aキーを押して断面平面を含むモデルすべてを選択し、右クリックして表示されたメニューから[グループを作成]を選択します。

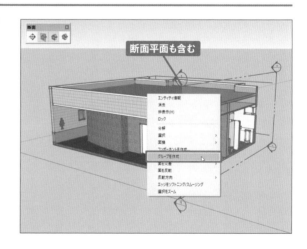

断面平面も含む

基本操作・表示・設定 ①

モデルの作成 ②

SketchUp ベストテクニック120 ● モデルの表現

chapter 3

実践テクニック ③

便利な拡張機能 ⑤

03 再び、[断面] ツールバーの [断面平面] ツールをクリックして、2つめの任意の断面 (ここでは正面側) を作成します。

memo このときグループを編集モードにしないでください。編集モードにすると2つ目の断面しか表示されません。

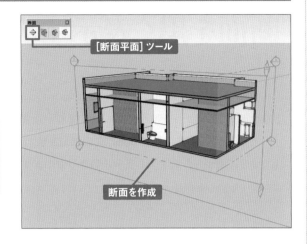

[断面平面] ツール

断面を作成

04 [断面] ツールバーの [断面平面を表示] ツールをクリックして、断面平面の表示をオフにします。1つの3Dモデルに2つの断面 (ここでは正面と右側面) が表示されます。

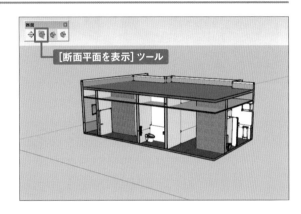

[断面平面を表示] ツール

断面を黒く表示する

SketchUp 2018から「断面塗りつぶし」機能が追加され、塗りつぶしのオン／オフがかんたんに切り替えられるようになりました（P095）。この機能を使わない場合は、断面の［裏の色］を黒にして塗りつぶしたように表現します。ただしモデルの作り方によっては、黒く表示されない場合もあります。

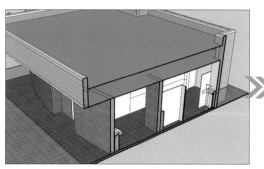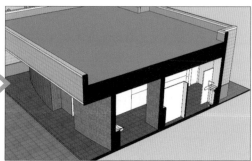

01 ［断面平面］ツールで任意の断面を作成し、［断面平面を表示］ツールをクリックして、断面平面の表示をオフにしておきます。

［断面平面を表示］ツール
［断面平面］ツール
断面

02 デフォルトのトレイから［スタイル］を開き、［編集］タブをクリックします。［面設定］ボタンをクリックし、［裏の色］の色ボタンをクリックします。

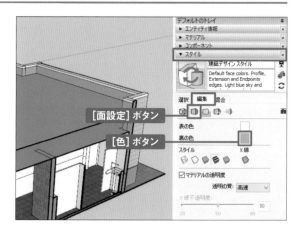

［面設定］ボタン
［色］ボタン

03 [色を選択] ダイアログが開きます。色を黒にして [OK] ボタンをクリックします。

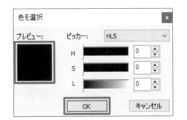

> **memo** ここでは [ピッカー] を [HLS] にして黒色に設定していますが、デフォルトでは [カラーホイール] が表示されます。どのカラーピッカーを使ってもかまいません。

04 面の裏の色が黒くなり、断面部分が黒く表示されます。

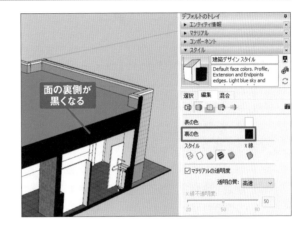

面の裏側が黒くなる

> **memo** 断面部分に裏ではなく表の面が含まれているときには、手順02で [裏の色] だけでなく [表の色] も黒くします。ただしこの場合は、見えている面（表面）すべてに何らかのマテリアルが適用されていないと意図しない部分も黒く表示されてしまうため注意してください。

壁を透明にする

壁などの面を透明にするには、[不透明度] が「0」のマテリアルを適用します。

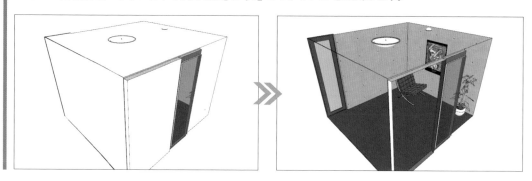

01 デフォルトのトレイから [マテリアル] を開き、[マテリアルを作成] ボタンをクリックします。開いた [マテリアルを作成] ダイアログの [不透明度] を「0」に設定して [OK] ボタンをクリックします。

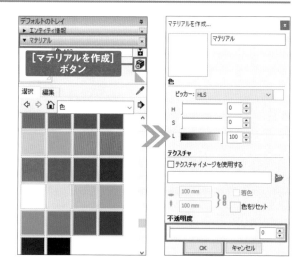

02 作成した透明のマテリアルを壁や天井などの外側の面に適用します。室内側のマテリアルはそのままで、外から内部が見えるようになります。

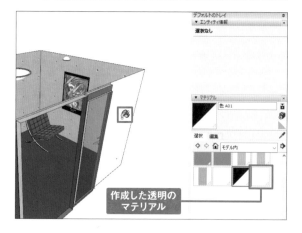

作成した透明の
マテリアル

chapter 4

実践テクニック

基本操作・表示・設定 1

モデルの作成 2

モデルの表現 3

SketchUp ベストテクニック120

● 実践テクニック

chapter 4

便利な拡張機能 5

壺形状を作成する

[フォローミー] ツールを使うと、回転体を作成できます。SketchUpには球体を作成する専用のコマンドがないため、球を作成するときもこの方法を使います。ここでは壺形状を作成してみます。

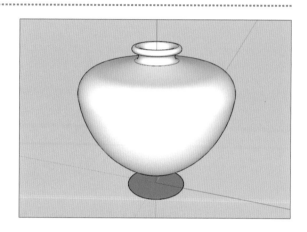

01 原点を中心とした円と、その円に垂直な長方形を作図します。長方形内に壺の断面図形を描きます。

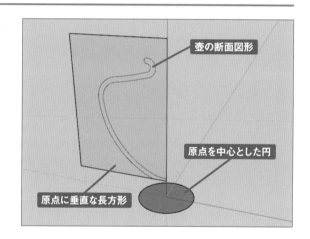

壺の断面図形

原点を中心とした円

原点に垂直な長方形

02 壺の断面図形を描いたら長方形は不要なので、[消しゴム] ツールで長方形を削除します。

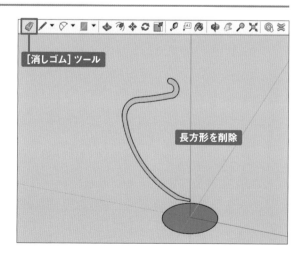

[消しゴム] ツール

長方形を削除

03 円を選択してから[編集]ツールバーの [フォローミー] ツールをクリックします。壺の断面図形をクリックすると瞬時に壺が完成します。

memo [編集] ツールバーが表示されていない場合は、P011の方法で表示します。

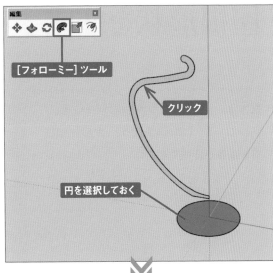

[フォローミー] ツール

クリック

円を選択しておく

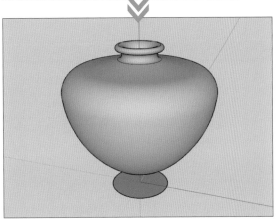

memo 先に円を選択せずに [フォローミー] ツールをクリックして、Alt キーを押したまま壺の断面図形から円に向かってドラッグしても壺をつくることができます。このとき「予期せぬ結果が得られる可能性があります」と警告のツールチップが表示されることもあります。この図形では問題ありませんが、図形によっては期待通りの形にならない可能性があります。

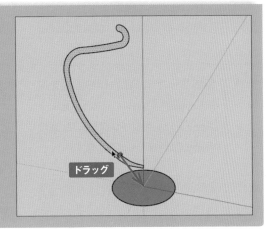

ドラッグ

屋根形状を作成する

直方体に適当な勾配屋根を掛けたいときに
[フォローミー] ツールを使うと、かんたんに
寄棟屋根が作成できます。

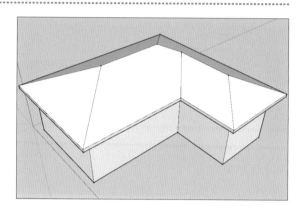

01

ここではL型に組み合わせた直方体
のうえに屋根を掛けます。直方体の
正面の上部エッジ上に適当な屋根
の断面図形を作成します。

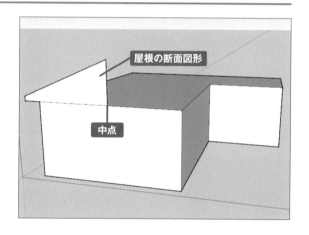

屋根の断面図形

中点

memo 屋根の断面図形はエッジの中点を基
準にして半分を作図します。屋根形状
に合わせて、軒の出や軒裏を表現して
作成します。

02

屋根を作成する直方体の上面を選
択し、[編集] ツールバーの[フォロー
ミー] ツールをクリックします。屋根
の断面図形をクリックします。

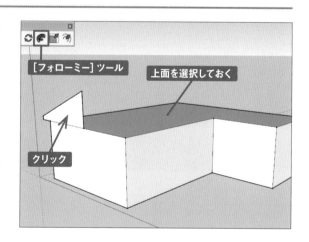

[フォローミー] ツール

上面を選択しておく

クリック

memo [編集] ツールバーが表示されてい
ない場合は、P011の方法で表示し
ます。

03 自動的に寄棟の勾配屋根が作成されます。このケースではL型で妻面の幅が異なっているため、屋根がうまくできません。このようなときは不具合箇所を修正します。

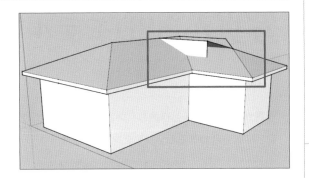

04 不具合箇所と交わっている屋根面をすべて選択し、[編集] メニューの [面を交差] - [選択範囲と交差] を選択します。これで不具合箇所との交差線がすべて表示されます。

05 [消しゴム] ツールをクリックします。不具合箇所との交差線をクリックしながら、不要な面を削除していきます。必要な妻面のみになったら完成です。

memo [X線] 表示にすると、内部の不具合個所も削除できます。

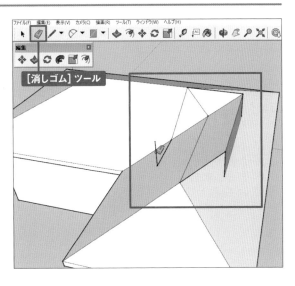

写真から3Dモデルを作成する

写真から3Dモデルを作成したいときは、「写真照合」を使います。写真を取り込み、基準となる壁の線などに軸を合わせてモデリングをしていきます。

 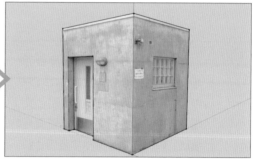

01 ［カメラ］メニューの［新規写真照合］を選択します。

02 ［背景イメージファイルを選択］ダイアログが開きます。取り込む写真画像を選択し、［開く］ボタンをクリックします。

03 写真が取り込まれ、各軸が表示されます。まず、原点(黄色い四角)をここでは建物の角にドラッグして、原点と青い軸を設定します。

04 緑の四角 (4つ) と赤の四角 (4つ) をドラッグして、それぞれ基準となる線に合わせます。

> **memo** 合わせにくい場合は画面を拡大してドラッグします。シーンのタブをクリックすると、元のビューに戻ります。

05 軸を設定したら、右クリックして表示されるメニューから[完了]を選択します。

06 [線] ツールをクリックします。軸と写真の線に沿うようにして、ここでは右側の壁面を作成します。

07 [プッシュ/プル] ツールをクリックします。左側の壁面の端までドラッグして直方体にします。

memo [オービット] ツールをクリックしてアングルを変えるとモデルだけが表示されるため、形状が確認できます。シーンタブをクリックすると元に戻ります。

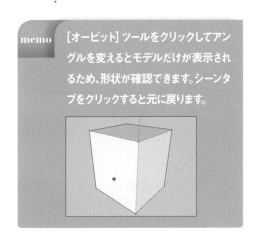

08 [線] ツールをクリックして、入口部分の形状を作成します。これで形状の作成 (モデリング) は終了とするため、右クリックして表示されたメニューから [写真を投影] を選択します。

09

「見える面を部分的にトリムします
か?」と表示されたら、[はい]ボタン
をクリックします。

10

写真が面に投影されます。次にモデ
ルの大きさを実寸に合わせます。[メ
ジャー]ツールをクリックして任意
の辺の長さを測り、キーボードから
実測値(ここでは「2400」)を入力
します。

> **memo** 投影後にオービットでアングルを調
> 整すると、右図のように背景が消え、
> 建物だけの表現になります。

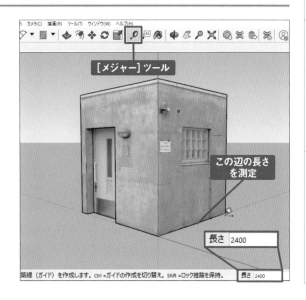

11

Enter キーを押すと、「モデルのサ
イズを変更しますか?」と表示され
ます。[はい]ボタンをクリックして
完成です。

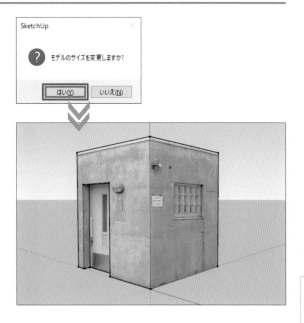

部分的に写真を投影する

「写真照合」は任意の面だけに投影することもできます。写真を取り込み、軸を設定するところまでは通常の写真照合と同じです。

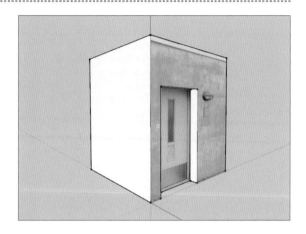

01 [カメラ] メニューの [新規写真照合] を選択します。モデルのアングルにあった写真を取り込み、原点と軸を設定します（P160～161参照）。

原点

02 原点と軸を設定したら、右クリックして表示されたメニューから [完了] を選択します。

03 写真を投影したい面（ここでは右の壁面と扉の面）を選択して右クリックし、表示されたメニューから［写真を投影］を選択します。

memo ここでは2つの面を選択したいため、Ctrl キーを押しながら2つの面を選択しています。

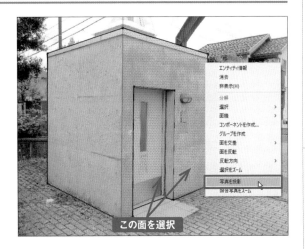

この面を選択

04 「見える面を部分的にトリムしますか?」と表示されたら、［はい］ボタンをクリックします。

05 ［オービット］ツールをクリックします。画面をドラッグして写真の部分投影を確認します。

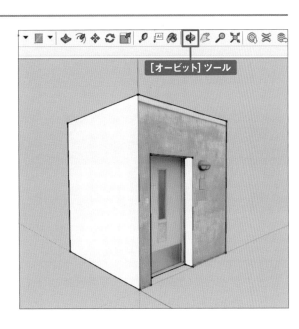

［オービット］ツール

投影ミスを修正する

2枚の写真を使って「写真照合」をすると、部分的に意図しない写真画像が投影されることがあります。
そのようなときは修正部分に[線]ツールで面を作成し、その部分を再投影します。

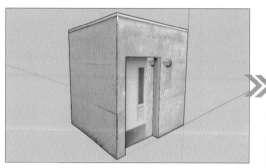 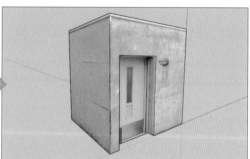

01 ここではドアの右側に壁の写真
が投影されてしまったため、この
部分を修正します。[線]ツールを
クリックして修正部分に線を引き、
面を分けます。

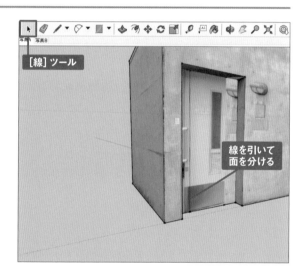

[線]ツール

線を引いて
面を分ける

memo 面を分ける位置は再投影したときに
不連続感が出ない位置にします。ここ
では左寄りのほうがよいので、この位
置に線を引いています。

02 シーンタブをクリックして、写真照合
画面に戻します。

03 線で分けた修正部分に正しく写真が投影されているか確認します。修正部分の面を選択し、右クリックして表示されたメニューから［写真を投影］を選択します。

04 「既存のマテリアルを上書きしますか?」と表示されます。［はい］ボタンをクリックします。

05 選択した面にドアの写真が再投影されます。手順01で引いた線を選択して右クリックし、表示されたメニューから［非表示］を選択します。

memo 線を削除すると1つの面になってしまい、どちらかのマテリアルで統一されてしまうため、［非表示］にします。

06 線が非表示になり、ドア部分の写真が正しく投影されました。

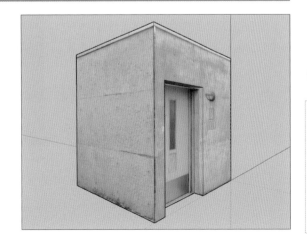

重いデータにしないためのコツ

大きなモデルや作り込んだ詳細なモデルはデータが重くなりがちです。データが重くなってしまうとPCの動きが遅くなり、思ったように操作できなくなってしまいます。ここでは重いデータにしないためのコツをいくつか紹介します。

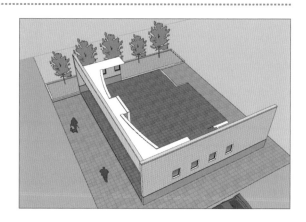

■ 繰り返し使う部品はグループにする

格子のように同じ部品を繰り返しコピーして使うときは、元の図形をグループにしておきます。

コピー元の図形をグループ化

■ コンポーネント編集で大きさ変更をしない

複数配置したコンポーネントの大きさを変えたいとき、[コンポーネントを編集]から大きさを変更すると、変更した数だけコンポーネントがどんどん増えてしまいます。[尺度]ツールでコンポーネント自体の大きさを変えれば、同じコンポーネントを使用できます。

[尺度]ツールで大きさ変更

■ 添景データのサイズに注意

外部から取り込んだ樹木や車などの3Dコンポーネントは、極端にデータが重い場合があるため注意して利用しましょう。樹木や人物なら2Dコンポーネントを使うとデータ量が少なくてすみます。

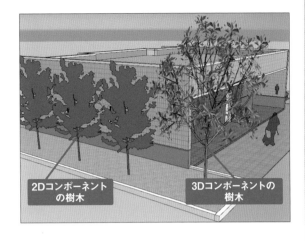

2Dコンポーネントの樹木

3Dコンポーネントの樹木

■ マテリアルを利用する

タイル目地などは線で表現するよりも、解像度が低めのマテリアルで表現するほうがデータ量が少なくなります。

すべてのマテリアルで作成されたタイル

■ 円の側面数を減らす

SketchUpの円は多角形でできています。側面数（セグメント数）を大きくすると円に近くなりますが、データ量も多くなります。小さな円は円周のセグメントが見えにくいため、側面数はできるだけ小さくします。

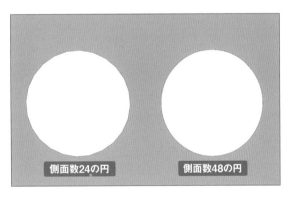

側面数24の円

側面数48の円

> **memo**　円の側面数は［円］ツールをクリックした直後に画面右下のボックスに値を入力して指定できます。初期設定は「24」です。円を作成したあとに測面数を変更したいときは、エッジを選択してデフォルトのトレイの［エンティティ情報］を開き、［セグメント数］の数値を変更します。

基本操作・表示・設定 1

モデルの作成 2

モデルの表現

SketchUp ベストテクニック120 ● 実践テクニック chapter 4

便利な拡張機能 5

■ 不要な非表示エッジを削除

面の削除や統合をしたときに、エッジが非表
示になったまま残ってしまうことがあります。
[表示] メニューの [非表示ジオメトリ] で不
要な非表示エッジを表示させて削除しま
しょう。

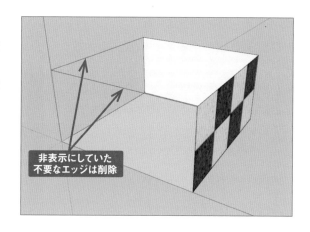

非表示にしていた
不要なエッジは削除

■ 不要アイテムを完全に削除

不要なデータを削除することはもちろんです
が、図形やコンポーネントなどはつくったあと
に削除しても、内部データとしては残ったまま
です。[ウィンドウ] メニューの [モデル情報]
を選択して開く [モデル情報] ダイアログで、
[統計] の [不要アイテムを完全に削除] ボタン
をクリックすると、使われていないデータを完
全に削除できます。

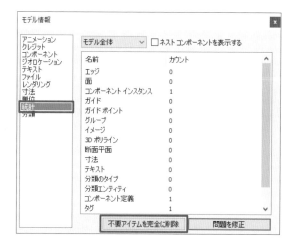

■ 見えない部分は粗くつくる

正面から見るパースの場合は、見えない内部
や後方部分は作成しなかったり、視線から遠
いところに配置するモデルは粗くつくるなど
を心がけると、データ量を少なくすることがで
きます。

正面から見る場合、
内部は作成しない

重いデータを扱うときは
モデルの表現を変える

不要なアイテムを削除しても重いデータで
作業をしなくてはならないときは、PCの負
担を減らすために［スタイル］などで設定し
たモデルの表現方法を変えましょう。詳細
な表現ほどPCに負担がかかるため、表現
を簡素化します。

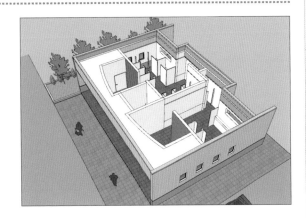

■ **影を非表示にする**

影を表示している場合はデフォルトのトレイの
［影］を開き、［影を表示/隠す］ボタンをク
リックしてオフにし、影を非表示にします。

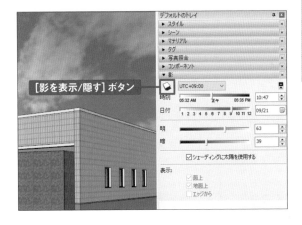

［影を表示/隠す］ボタン

■ **マテリアルを表示しない**

マテリアルが表示されている場合は［スタイ
ル］ツールバーの［シェーディング］ツールをク
リックすると、マテリアルではなく色付きの面
で表示されるようになり、表現が簡素化され
ます。

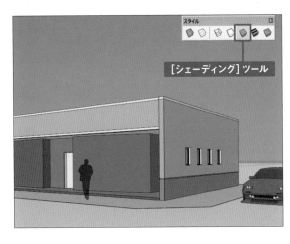

［シェーディング］ツール

■ [スタイル] の [編集] タブにある各設定の簡素化

デフォルトのトレイの [スタイル] を開き、[編集] タブにある各設定のチェックをはずして簡素化することでPCへの負担が減ります。

[エッジ設定] で [エッジ] 以外の
チェックをはずす

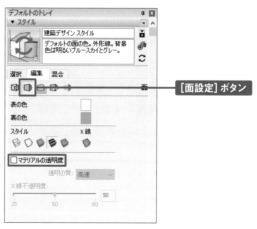

[面設定] で [マテリアルの透明度]
のチェックをはずす

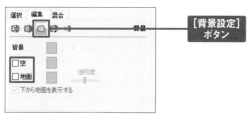

[背景設定] で [空] と [地面] の
チェックをはずす

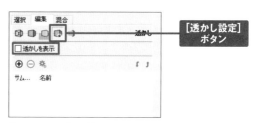

[透かし設定] で [透かしを表示]
のチェックをはずす

■ 非表示ジオメトリを表示しない

非表示ジオメトリが表示されている場合は
[表示] メニューの [非表示ジオメトリ] を選択
して、非表示ジオメトリの表示をオフにします。

重いデータを扱うときは別ファイルで編集する

不要なものを削除しても重いデータで作業をしなくてはならないときに、PCの動作が遅くなり、編集作業が思ったように進まなくなってしまうことがあります。そのようなときは編集部分だけを別ファイルに移動して作業するとスムーズです。

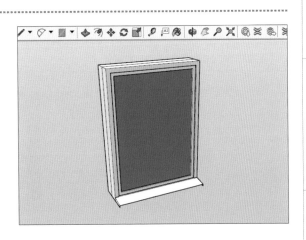

グループを別ファイルで編集する

編集する部分だけをグループにして新規ファイルに移動し、編集が終了したら元に戻します。

01 編集したい部分をグループにして選択し、[編集]メニューの[切り取り]を選択します。

グループにしておく

02 別のウィンドウで新規ファイルを開きます。[編集]メニューの[所定の位置に貼り付け]を選択し、カットしたグループを貼り付けます。

memo 最後に元の位置に正確に戻すため[所定の位置に貼り付け]を使用します。

03 貼り付けた新規ファイルで編集作業をおこないます。作業が終了したら、グループを選択し、[編集]メニューの[切り取り]を選択します。

04 元のファイルに戻ります。[編集]メニューの[所定の位置に貼り付け]を選択し、カットしたグループを元の位置に貼り付けます。

コンポーネントを別ファイルで編集する

コンポーネントはそれ自体を別のskpファイルとして保存できます。保存したファイルで編集したら、そのファイルを読み込んでコンポーネントを更新します。

01 編集したいコンポーネントを選択し、右クリックして表示されたメニューから[名前を付けて保存]を選択します。

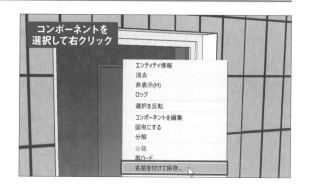

02 [名前を付けて保存]ダイアログが開きます。任意の保存先と[ファイル名]を指定して[保存]ボタンをクリックします。

03 保存したコンポーネントのファイルを開いて編集し、作業が終わったら [ファイル] メニューの [保存] を選択します。

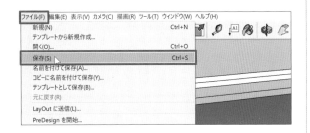

04 元のファイルに戻ります。手順**01**で選択したコンポーネントを右クリックして、表示されたメニューから [再ロード] を選択します。

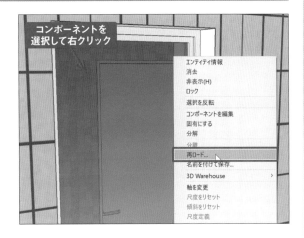

05 [開く] ダイアログが開きます。編集したコンポーネントファイルを選択して [開く] ボタンをクリックすると、コンポーネントが更新されます。

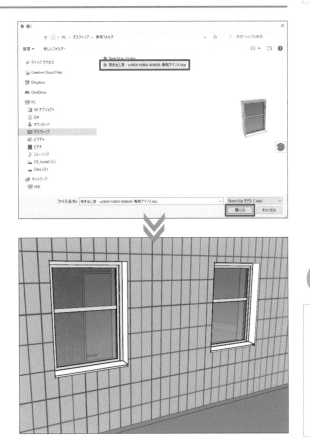

格子を黒くつぶさない
（線の一部表示）

格子を3Dモデルで作成すると、遠景アングルの表示では真っ黒になってしまうことがあります。格子を黒くつぶさない方法はいくつかありますが、ここでは格子の線を一部だけ残して遠景時の線数を減らし、遠景でも格子がきれいに表現できる方法を紹介します。

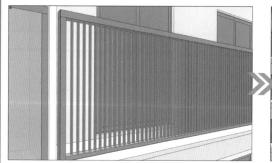

3Dモデルで作成した格子

遠景での表現

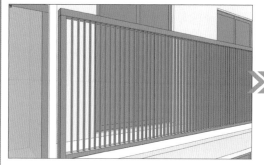

格子モデルの線を一部だけ表示

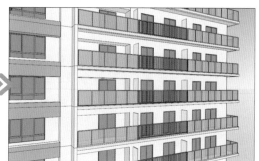

遠景での表現

01 ここではバルコニー手摺モデルがコンポーネントの入れ子状態で構成されている前提で説明します。バルコニーのコンポーネントの中に入り、格子だけを表示します。

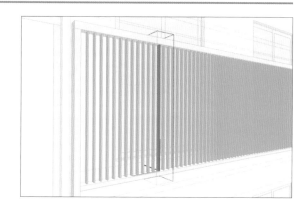

02

[消しゴム] ツールをクリックします。 Shift キーを押しながら線を消し、格子前面の1本だけを残します。

memo [消しゴム] ツールで Shift キーを押しながら線をクリックすると、その線は「非表示」になります。 Shift キーを押さずに線をクリックすると、その線は「削除」されてしまいます。

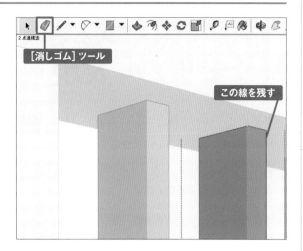

03

コンポーネントから出ると、格子の線が1本だけになり、他の格子にも反映されます。遠景で表示しても、格子が黒くつぶれずに表示されます。

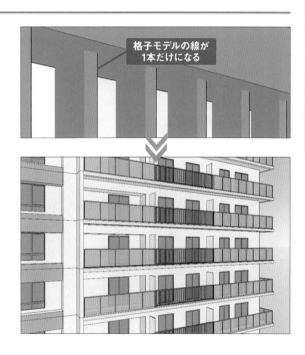

column **格子をつぶさずに表現するその他の方法**

格子が黒くつぶれて表示されることを避けるためには、格子モデルを作成するときに、格子のピッチを実際よりも粗くする方法などが一般的です。そのほか、格子は線で作成したりする方法もあります。

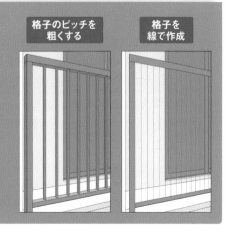

格子を黒くつぶさない
（マテリアル表現）

格子を3Dモデルで作成すると、遠景アングルの表示では真っ黒になってしまうことがあります。**格子を黒くつぶさない方法はいくつかありますが、ここでは格子部分に面を作成してそこに格子のマテリアルを付ける方法を紹介します。**この例ではバルコニー手摺モデルがコンポーネントの入れ子状態で構成されている前提で説明します。

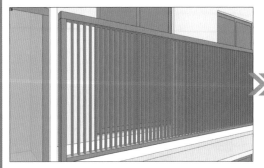

3Dモデルで作成した格子

遠景での表現

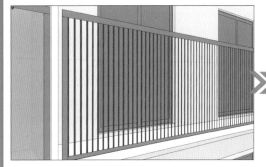

マテリアルで**格子を表現**

遠景での表現

01　まず格子のマテリアルをPhotoshopやGIMPなどの画像編集ソフトで作成します。ここではフリーソフトのGIMPを使います。新規画像を作成するときに［塗りつぶし色］を［Transparency］（透明）に設定しておきます。

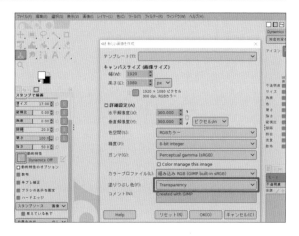

02 格子を長方形で作成して塗りつぶ
し、PNG形式で画像をエクスポート
（保存）します。

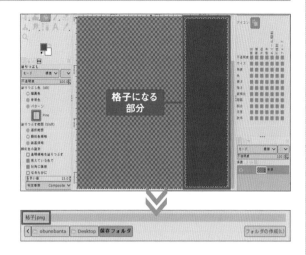

格子になる
部分

格子.png

03 SketchUpでバルコニー手摺部分
を拡大します。コンポーネントの中
に入り、格子部分全体に［長方形］
ツールなどで面を作成します。

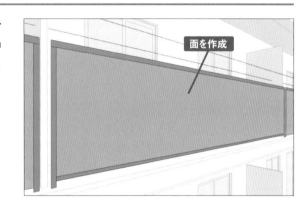

面を作成

04 作成した面に［ペイント］ツールで任
意のマテリアル（ここでは「色」）を
適用します。

memo　ここで適用するマテリアルは何を選
択してもかまいません。

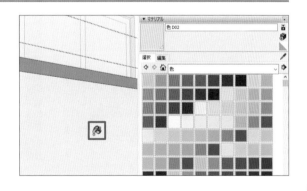

05 デフォルトのトレイの［マテリアル］
を聞きます。［編集］タブをクリック
し、［テクスチャイメージを使用す
る］にチェックを入れます。

06 [イメージを選択] ダイアログが開きます。画像ソフトで作成した格子の画像を選択して、[開く] ボタンをクリックします。

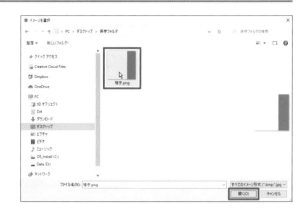

07 選択した画像の大きさを格子のピッチに合わせます（ここでは「50」mm）。コンポーネントから出て完成です。

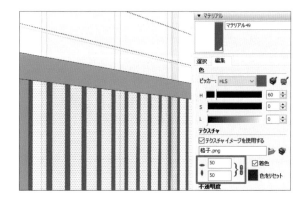

08 遠景で表示してみると、格子がつぶれずに表示されていることが確認できます。

> **memo** マテリアルは面に適用されているため奥行がありません。遠景でも格子の表示がつぶれにくくなります。

> **memo** P126の方法で、一部を透過した格子マテリアルを作り、そのマテリアルをバルコニーの手摺部分に貼り付ければ、同様に表現することもできます。

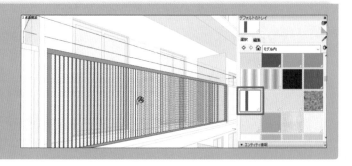

95

画像処理ソフトで
パースを仕上げる

最終的にPhotoshopやGIMPなどの画像処理ソフトを使ってパースを仕上げたいときには、一般的に元画像のほか調整用のスタイルを設定した画像をいくつかエクスポートし、それを画像処理ソフトの各レイヤーに割り当ててパースを仕上げます。いろいろな方法があるかと思いますが、ここでは筆者がパースを仕上げるときに使っている方法を紹介します。

01 まず、SketchUpでのモデリングが完了した状態で画像をエクスポートします。[ファイル]メニューの[エクスポート]−[2Dグラフィック]を選択します。

02

[2Dグラフィックをエクスポート] ダイアログが開きます。ここでは「原画」と名前を付けて、[ファイルの種類]に「JPG」を指定し、[オプション] ボタンをクリックします。開いた [エクスポートオプション] ダイアログでサイズや圧縮率などを指定し、[OK] ボタンをクリックします。[2Dグラフィックをエクスポート] ダイアログに戻るので、[エクスポート] ボタンをクリックします。

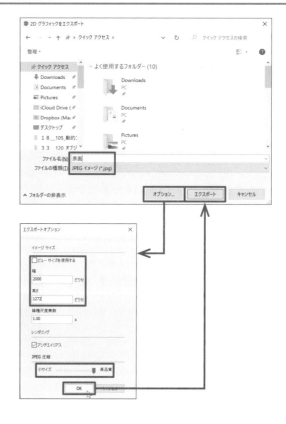

03

同様にして次の設定で画像をエクスポートします。

■ ファイル名「エッジ非表示」.jpg

- [スタイル]の[編集]タブをクリックし、[エッジ設定]ですべてのチェックをはずす

memo　これは画像処理ソフトでエッジの強弱を調整するために使います。

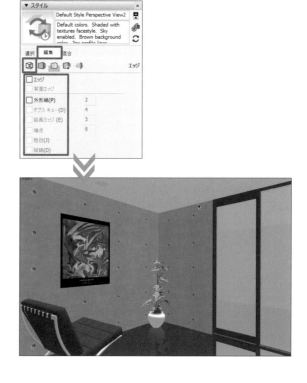

■ ファイル名「マテリアル」.jpg

- [スタイル] の [編集] タブをクリックし、[エッジ設定] ですべてのチェックをはずす（手順03参照）
- [スタイル] の [編集] タブをクリックし、[面設定] で[シェーディングモードで表示。] ボタンをクリックし、[マテリアルの透明度] のチェックをはずす
- [影] の [シェーディングに太陽を使用する] にチェックを入れる
- [影] の[明] スライドバーを「0」にする

> memo これは画像処理ソフトでマテリアルごとに選択するために使います。

■ ファイル名「フォグ」.jpg

- [フォグ] （P104） の [フォグを表示する] にチェックを入れ、[背景色を使用する] のチェックをはずし、フォグの色を黒くする。黒いフォグが陰影になるように [距離] のスライドバーを調整
- [スタイル] の[編集] タブをクリックし、[面設定] で [隠線モードで表示。] ボタンをクリックし、[マテリアルの透明度] のチェックをはずす
- [スタイル] の [編集] タブをクリックし、[エッジ設定] ですべてのチェックをはずす

> memo これは画像処理ソフトで奥行感を出すために使います。

04

エクスポートした4つの画像を
画像処理ソフトで開き、レイヤーとし
て「フォグ」「原画」「エッジ非表
示」「マテリアル」の順に重ねま
す。一番上に透明の新規レイヤー
「陰影」をつくっておきます。

> **memo** 以降はGIMPで操作します。仕上げ
> 方はそれぞれのため、大まかな流れ
> を説明します。GIMP以外の画像処
> 理ソフトを使う場合は、そのソフト
> に応じた機能を使ってください。

05

「フォグ」レイヤーを選択し、レイ
ヤーの[モード]を[ハードライト]に
して、[不透明度]（陰影の強さ）を
調整します。

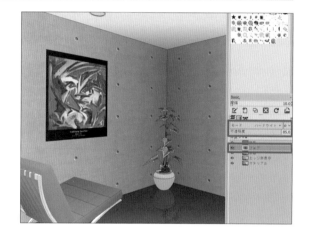

06

「原画」レイヤーを選択し、エッジが
薄くなるように[不透明度]を調整し
ます。

> **memo** 「原画」レイヤーの下が「エッジ非表
> 示」レイヤーになっているため、「原
> 画」レイヤーの[不透明度]を下げ
> て透明寄りにしていくとエッジが薄
> くなっていきます。

07 「陰影」レイヤーを選択し、［エアブ
ラシ］ツールなどを使って任意の個
所に陰影をつけます。

[エアブラシ] ツール

memo 壁や天井など部位ごとに陰影を調整したいときは、
「マテリアル」レイヤーを選択します。GIMPでは
［ファジー選択］ツールを使うと、同じマテリアルの
部位だけを選択できます。この状態でブラシツール
を使うと、選択範囲の外にブラシがはみ出しても、
選択範囲外には影響がありません。

[ファジー選択]
ツール

天井を選択

08 微調整を繰り返して、パースを仕上
げます。

グループごとに
タグ登録をする

筆者は正直、タグはほとんど使っていません。SketchUpではグループごとに表示／非表示が切り替えられるため、もっぱらグループとシーンでモデルを管理しています。ただ、タグで管理することに慣れている方はすべてのモデルを「タグなし」でつくり、グループごとにタグ登録する方法をおすすめします。この方法なら作図のたびにタグを切り替える必要がないため、ちがうタグに入れてしまうミスも減ります。

---

01 例ではすべてのモデルが「タグなし」に作成されていて、4つのグループにしてあります（わかりやすくするために他のグループを非表示にしています。その状態は［アウトライン表示］トレイで確認できますが、このトレイをあえて表示させる必要はありません。）。

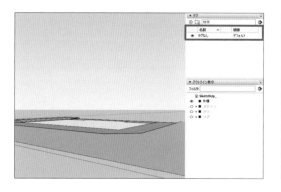
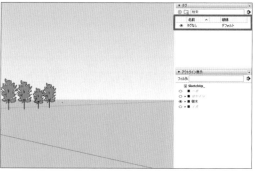

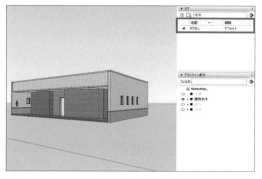
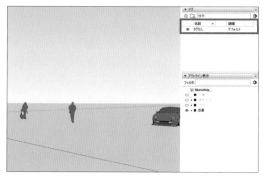

02 デフォルトのトレイの[タグ]を開き、[タグを追加]ボタンをグループの数（ここでは4回）だけクリックして、タグを追加します。

03 タグ名をクリックして、それぞれ名前を付けます。

04 外構のグループを選択します。デフォルトのトレイから［エンティティ情報］を開き、［タグ］から［外構］を選択すると、グループが［外構］タグに登録されます。他のグループも同様に各タグに登録します。

> **memo** 同様にしてコンポーネントもタグ登録できます。

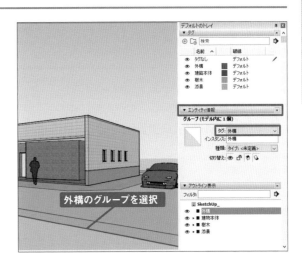

外構のグループを選択

> **memo** 作図／編集作業は常に「タグなし」を現在のタグにした状態でおこなってください。まちがって他のタグに作図してしまうと、その図形は作図したタグだけでなく、その図形を含むグループのタグにも属するため、タグの表示／非表示操作に支障が出てしまいます。注意しましょう。

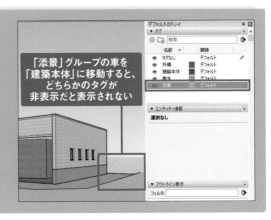

「添景」グループの車を「建築本体」に移動すると、どちらかのタグが非表示だと表示されない

コンポーネントごとの
個数を表示する

コンポーネントにしておくと、コンポーネントごとの個数表示が可能です。個別のコンポーネントの数は[エンティティ情報]で確認できますが、複数のコンポーネントのそれぞれの個数は[モデル情報]ダイアログの[統計]で表示します。この機能は集計や積算などに利用できます。

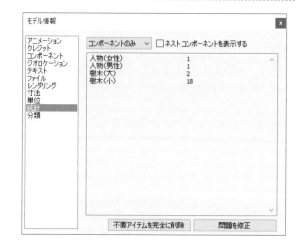

---

01 複数のコンポーネントがあるファイルを開き、[ウィンドウ]メニューの[モデル情報]を選択します。

---

02 [モデル情報]ダイアログが開きます。左の欄で[統計]を選択し、[モデル全体]をクリックして[コンポーネントのみ]を選択します。

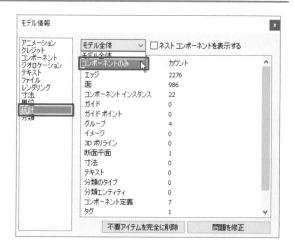

03 ファイル上にあるコンポーネントの
種類とその数が表示されます。

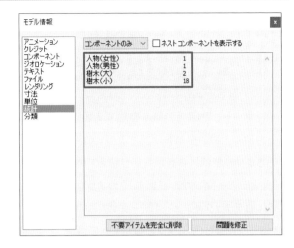

> **memo** [モデル情報] ダイアログの [ネストコ
> ンポーネントを表示する] にチェック
> を入れると、グループやコンポーネン
> トの中で入れ子状態になっているコ
> ンポーネントの数も表示されます。

SketchUp ベストテクニック120 ● 実践テクニック chapter **4**

便利な拡張機能 ⑤

同じタグの図形を
すべて選択する

インポートした図面の線を整理する場合、どの線がどのタグかを確認するのに、いちいちタグの表示／非表示を切り替えていると、とても手間がかかります。そのようなときは右クリックメニュー［同一タグのものすべて］を使うと、同じタグの線がすべて選択できるため、効率的に図面の整理作業ができます。

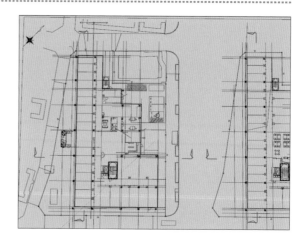

01 任意の線（これは「A-文字」タグの線）を選択します。右クリックして［選択］－［同一タグのものすべて］を選択します。

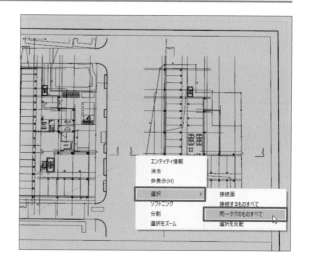

02 図面内の同じタグに属する図形がすべて選択され、青くハイライトされます。

memo 右クリックメニューの［選択］－［同一マテリアルのものすべて］を選択すると、同じマテリアルの図形がすべて選択できます。

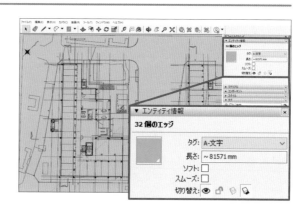

memo この選択方法は、線や面などの単体の図形にのみ有効で、グループやコンポーネントを選択して右クリックしても［選択］は出てきません。その場合は、［長方形］ツールなどで仮の面を作成し、その面にグループやコンポーネントのタグを設定します。仮の面を選択して右クリックし、［選択］─［同一タグのものすべて］を選ぶと、グループやコンポーネントを含めた同じタグのものすべてが選択されます。

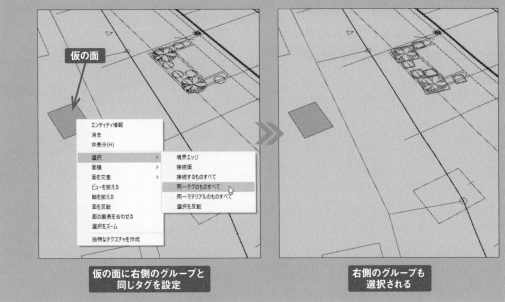

仮の面に右側のグループと
同じタグを設定

右側のグループも
選択される

column **複数選択の方法**

複数選択または部分的な選択解除には、次のような操作方法があります。

■複数選択（追加選択）
・ Ctrl （Macは command ）キーを押しながら選択
・ Shift キーを押しながら選択

■一部を選択解除
・ Shift キーを押しながら選択
・ Ctrl キー（Macは command ）＋ Shift キーを押しながら選択

■選択を反転
不要なオブジェクトを選択し、［編集］メニュー→［選択を反転］を選択（または右クリックして［選択を反転］を選択）

透かしでロゴを入れる

プレゼンなどでは、画面にロゴを表示したいときがあります。ロゴは[スタイル]の[透かし設定]を利用して表示させることができます。

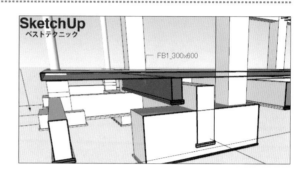

01

デフォルトのトレイの[スタイル]を開きます。まず、[新しいスタイルを作成]ボタンをクリックして、ロゴ用に新しいスタイルを作成します。続けて[編集]タブをクリックし、[透かし設定]ボタンをクリックします。[透かしを追加]ボタンをクリックします。

02

[透かしを選択]ダイアログが開きます。表示させたいロゴ画像を選択し、[開く]ボタンをクリックします。

03

画面内に選択したロゴ画像が表示され、[透かしを作成]ダイアログが表示されます。[名前]を変更（ここでは「ロゴ」）し、[オーバーレイ]を選択して[次へ]ボタンをクリックします。

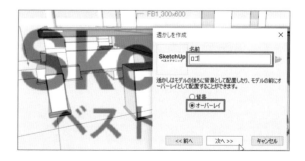

04

[マスクを作成する]にチェックを入れ、[ブレンド]のスライドバーを[イメージ]側の右端へ移動します。[次へ]ボタンをクリックします。

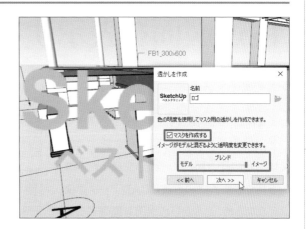

memo [ブレンド]では、スライダーを左側の[モデル]に寄せるほど透過し、右側の[イメージ]に寄せるほど透明度がなくなります。

05

透かしの表示方法を指定します。ここでは[画面内に配置する]を選択しました。画面での位置を9か所の〇から選び、[尺度]のスライドバーで大きさを調整します。[完了]ボタンをクリックします。

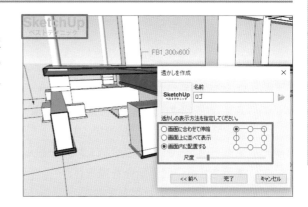

06

[マスクを作成]にチェックを入れたため、ロゴが背景と同色になり、見えずらいので色を変えます。[スタイル]で[背景設定]ボタンをクリックし、[背景]の色を変更(ここでは濃いグレー)します。[空]と[地面]にチェックを入れて完成です。[変更内容でスタイルを更新]をクリックして、設定を保存します。

memo [背景]の色は真っ黒(RGB値0,0,0)にしてしまうと、モデルの線の色が白に変わってしまいます。線の色が変わってしまった場合は[スタイル]の[エッジ設定]ボタンをクリックし、一番下にある[色]のボタンを白から黒に変更します。

関連図面を表示する

モデルと一緒に関連する図面を表示できると、わかりやすいデータになります。ここでは前項と同じ［透かし設定］を使った方法を紹介します。この方法はCADデータが使えないため、あらかじめ図面を画像にしておきます。最後にシーンに登録しておけば、プレゼンでも活用できます。

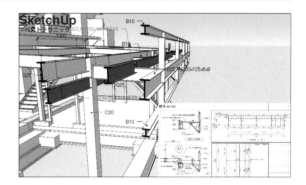

01 P192と同様にして、図面用に新しいスタイルを作成し、［透かし設定］で［透かしを追加］ボタンをクリックします。［透かしを選択］ダイアログで表示させたい図面画像を選択し、［開く］ボタンをクリックします。

> **memo** CADデータは使えないため、図面はjpgやpngなどの画像にしておいてください。

02 画面内に選択した図面画像が表示され、［透かしを作成］ダイアログが表示されます。必要に応じて［名前］を変更（ここでは「質疑1」）し、［オーバーレイ］を選択して［次へ］ボタンをクリックします。

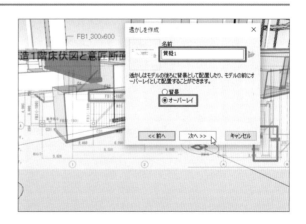

03 [ブレンド]のスライドバーを[イメージ]側の右端へ移動します。[マスクを作成する]にはチェックを入れません。[次へ]ボタンをクリックします。

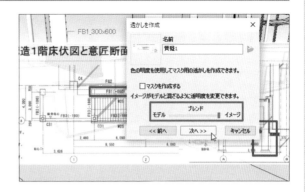

04 透かしの表示方法を指定します。ここでは[画面内に配置する]を選択しました。画面での位置を9か所の○から選び、[尺度]のスライドバーで大きさを調整します。[完了]ボタンをクリックします。

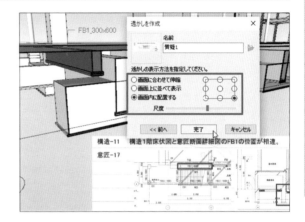

05 色の調整は必要ないため、[変更内容でスタイルを更新](P193)をクリックして、設定を保存します。この状態でシーンに登録(P200)すれば完成です。

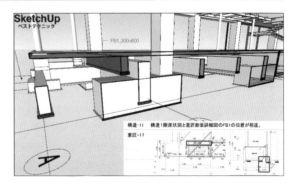

memo　図面があると邪魔なときは、[スタイル]の[編集]タブ—[透かし設定]ボタンをクリックし、[透かしを表示]のチェックをはずせば、図面が非表示になります。

断面アニメーションをつくる

[断面平面] ツールとシーン設定だけで、建物が出現するようなアニメーションがかんたんに作成できます。

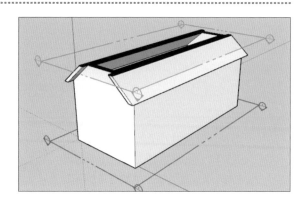

01 建物の3Dモデルを作成しておきます。[断面] ツールバーを表示して、[断面平面] ツールをクリックします。建物の最下端の位置でクリックし、断面平面を配置します。

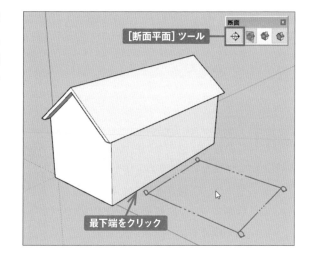

[断面平面] ツール

最下端をクリック

02 [断面平面名] ダイアログが表示されます。適当な名前を付け、[OK] ボタンをクリックします。最下端に断面を設置したので、建物がすべて見えなくなります。

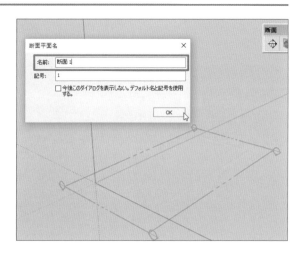

断面平面名

名前: 断面 1
記号: 1

今後このダイアログを表示しない。デフォルト名と記号を使用する。

OK

03 この状態でシーンを登録します。デフォルトのトレイの［シーン］を開き、［シーンを追加］ボタンをクリックします。［保存するプロパティ］では［アクティブな断面平面］のみにチェックを入れます。ここでは名前を「シーン1」としました。

[シーンを追加]ボタン

04 ［選択］ツールで先ほど作成した断面平面を選択します。［移動］ツールをクリックし、Ctrl キーを押したまま、青軸の上方向にドラッグして断面平面をコピーします。コピーした断面平面にも適当な名前を付けます。

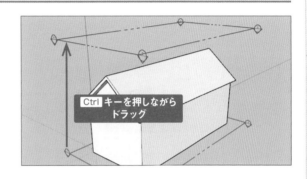

Ctrl キーを押しながらドラッグ

05 コピーした断面平面をダブルクリック（または右クリックメニュー［アクティブカット］を選択）し、何もないところを1度クリックしてアクティブ（オレンジ色）にします。手順03と同様にして、この状態をシーンに登録します。ここでは名前を「シーン2」としました。

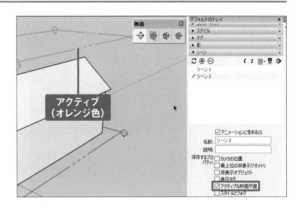

アクティブ（オレンジ色）

06 「シーン1」タブから「シーン2」タブに切り替えると、それぞれのシーンで設置した断面平面が移動するので、アニメーションのように建物が表示されます。

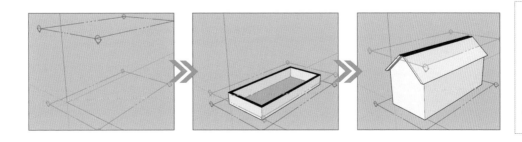

アングルを固定したまま
別案に切り替える

プレゼンのときにモデルのアングルはそのままで、部分的な変更をかんたんに切り替えられると便利です。表示タグのみを保存した[シーン]を登録しておくと、アングルを固定したまま別案に切り替えることが容易になります。ここではマンションのバルコニーを格子が太い「表現A」と格子の細い「表現B」の2つの案で登録し、マンションの「＜近景＞」と「＜遠景＞」でのアングルで格子の表現を変更する方法を紹介します。

シーンのタブ 　＜遠景＞　＜近景＞　表現A　表現B

「＜遠景＞」＋「表現A」

「＜遠景＞」＋「表現B」

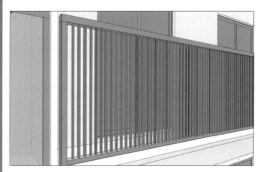

「＜近景＞」＋「表現A」

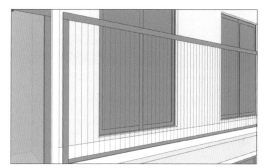

「＜近景＞」＋「表現B」

2つの案をそれぞれのタグに分ける

01 太い格子のモデルを作成し、デフォルトのトレイから[タグ]を開きます。[タグを追加]ボタンをクリックして、タグ名を「表現A」とします。

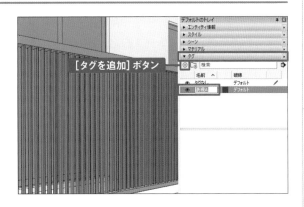

02 デフォルトのトレイから[エンティティ情報]を開きます。バルコニーの手摺部分をすべて選択し、[タグ]から「表現A」を選択すると選択した部分が「表現A」タグに移動します。

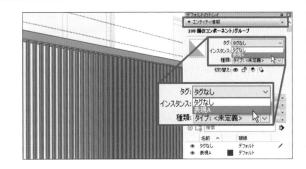

03 デフォルトのトレイから[タグ]を開き、「表現A」タグの[可視]のチェックをはずして、太い格子のモデルを非表示にしておきます。

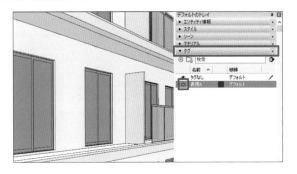

04 続けて「タグなし」タグに細い格子のモデルを作成し、手順01、02と同様にして「表現B」タグに移動します。

memo 最初から2つの案をそれぞれ別のタグに作成していれば、この操作は不要です。

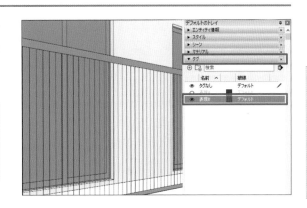

基本操作・表示・設定

モデルの作成

モデルの表現

SketchUp ベストテクニック120 ● 実践テクニック

chapter 4

便利な拡張機能

2つの案をシーンに登録する

01　「表現A」タグを表示、「表現B」タグを非表示にして、デフォルトのトレイから [シーン] を開き、[シーンを追加] ボタンをクリックします。[名前]を「表現A」、[保存するプロパティ]の[表示タグ]のみにチェックを入れます。

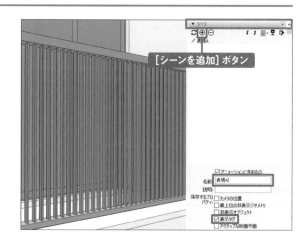

02　[シーンを更新] ボタンをクリックし、表示されたダイアログの[更新するプロパティ] を確認して [更新] ボタンをクリックします。

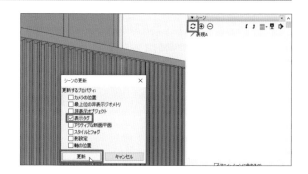

03　次に「表現B」タグを表示、「表現A」タグを非表示にして、デフォルトのトレイから [シーン] を開き、[シーンを追加] ボタンをクリックします。[名前] を「表現B」、[保存するプロパティ] の [表示タグ] のみにチェックを入れ、手順**02**と同様にして、シーンを更新します。

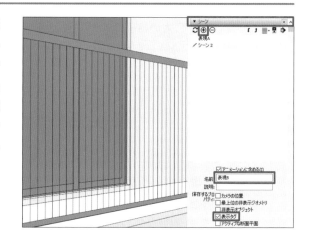

04　「表現A」と「表現B」のシーンが登録できました。

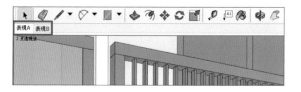

アングルをシーンに登録する

01　バルコニー周辺をズームしてデフォルトのトレイから［シーン］を開き、［シーンを追加］ボタンをクリックします。［名前］を「＜近景＞」とし、［保存するプロパティ］の［カメラの位置］だけにチェックを入れ、シーンを更新（前ページ手順02参照）します。

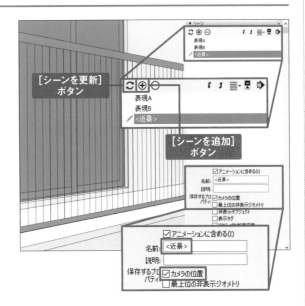

02　バルコニー周辺をズームアウトし、手順01と同様にして「＜遠景＞」のシーンを登録します。

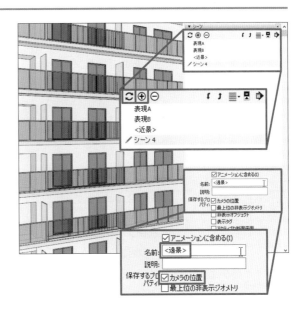

03　シーンタブの順番を使いやすいように入れ替え、完成です。「＜遠景＞」をクリックして「表現A」「表現B」をクリック、または「＜近景＞」をクリックして「表現A」「表現B」をクリックして、アングルが固定されたまま表現が変わるかを確認します。

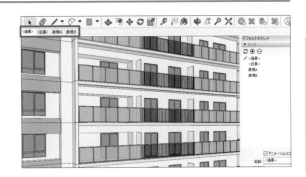

プランごとに画像出力する

プランが複数案ある場合、P198「アングルを固定したまま別案に切り替える」の方法でシーンとアングルを登録しておくと便利です。プランの画像は、「アニメーションをエクスポート」ダイアログで出力できますが、そのままエクスポートすると複数案すべてが出力されてしまいます。プランごとに出力したいときは、「アニメーションに含める」のチェックで切り替えます。

⊘ 久 家具プラン
A0001.jpeg

⊘ 久 家具プラン
A0002.jpeg

⊘ 久 家具プラン
A0003.jpeg

⊘ 久 家具プラン
A0004.jpeg

⊘ 久 家具プラン
A0005.jpeg

⊘ 久 家具プラン
A0006.jpeg

01 ここでは、P198の方法で「家具プランA」「家具プランB」の案を作成し、固定用のアングル5つ（シーン3~7）をシーン登録しています。「家具プランA」だけを画像出力します。

家具プランA　家具プランB　シーン 3　シーン 4　シーン 5　シーン 6　シーン 7

「家具プランA」　　　　　「家具プランB」

02 デフォルトのトレイの［シーン］を開き、出力しない「家具プランB」を選択して、［アニメーションに含める］のチェックをはずします。チェックをはずすとシーン名に（　）が付きます。

03 [ウィンドウ] メニューの [モデル情報] を選択し、[モデル情報] ダイアログを表示します。
[アニメーション] を選択して、[シーンの切り替えを有効にする] のチェックをはずし、[シーンの遅延] を「0」秒に設定します。閉じるボタンでダイアログを閉じます。

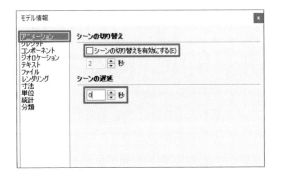

04 [ファイル] メニューの [エクスポート] − [アニメーション] を選択して、[アニメーションをエクスポート] ダイアログを表示します。保存先と [ファイル名] を指定し、[ファイルの種類] から任意の画像形式 (ここでは.jpg) を選択します。[オプション] ボタンをクリックして [エクスポートオプション] ダイアログを開き、[解像度] などを指定して [OK] ボタンで閉じます。[エクスポート] ボタンをクリックします。

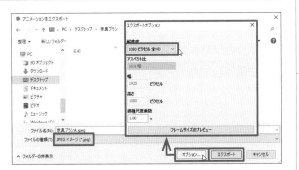

> **memo** [ファイル] メニューの [エクスポート] − [アニメーション] のあとに [ビデオ][イメージセット] が表示された場合は [イメージセット] を選択してください。[オプション] ボタンでの設定は任意ですが、初期設定のままだと画像が粗くなるので、ここで [解像度] を上げることをおすすめします。

05 指定したフォルダーに「家具プランA」だけのアングルの画像が出力されます。

> **memo** 「家具プランB」だけを画像出力したい場合も、方法は同じです。続けて操作するときは、出力しない「家具プランA」の [アニメーションに含める] のチェックをはずし、出力する「家具プランB」の [アニメーションに含める] には、チェックを入れることを忘れずに。

角度の付いた間取りを
効率的に作図する

オフィスや集合住宅の設計では、**角度の付いた間取りが混在することがあります。角度の付いた間取り用に斜めの軸のシーンを登録しておくと、[長方形] ツールで壁や柱、家具などが角度に合わせて作図でき、軸に沿った移動やコピーも可能になります。**ここでは右図のような2つの部屋が混在する例で説明します。

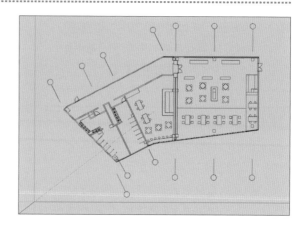

01　まず、右の部屋の軸（デフォルト）のシーンを登録します。デフォルトのトレイの［シーン］を開き、［保存するプロパティ］の［軸の位置］のみにチェックを入れて［シーンを追加］ボタンをクリックします。登録したシーンの［名前］を、ここでは「軸1」に変更します。

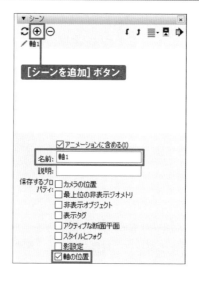

02　左の部屋用に斜めの軸を設定します。［ツール］メニューの［軸］を選択します。

03

軸の原点となる点を選択します。ここでは左の部屋の壁の交点をクリックします。赤軸方向に設定する線上をクリックし、次に緑軸方向に設定する線上をクリックします。これで左の部屋用の軸が作成できました。

memo　ここでは壁の線を使って軸を設定しましたが、何もないところでも軸の設定はできます。

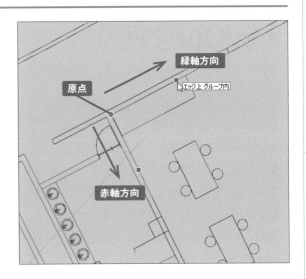

04

01と同様にして、[軸の位置]のみにチェックを入れたシーンを登録します。登録したシーンの[名前]を、ここでは「軸2」にします。

05

これで右の部屋を編集するときには「軸1」、左の部屋を編集するときには「軸2」にシーンタブを切り替えながら作業ができるようになります。シーン「軸2」では、回転などをさせることなく、[長方形]ツールで家具が描けます。

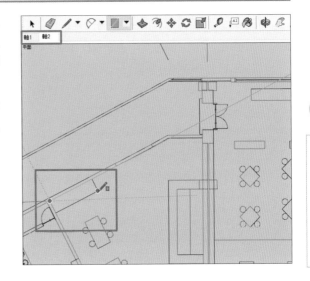

LayOutを使う

SketchUp Pro版の付属ソフト「LayOut」は、SketchUpで作成したモデルデータを取り込み、パースや図面としてプレゼンテーション資料を作成できるソフトです。2D描画コマンドも揃っているので、単体でもドローイングできます。ここではLayOutの基本的な使い方を説明します。

01 SketchUpでLayOutに表示したいシーンを登録（P200）して保存します。SketchUpで［LayOutに送信］ツールをクリックします。

02 LayOutが起動して［テンプレートを選択］画面が表示されます。任意のテンプレートをクリックすると、モデルビューが開きます。

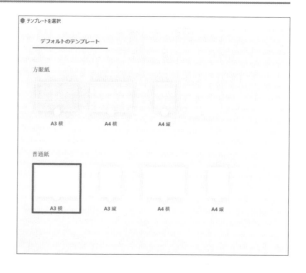

memo 選択画面が表示されない設定の場合は、初期設定のテンプレートに取り込まれます。また、LayOutを単体で起動して、使用するテンプレートを選択し、［ファイル］メニューの［挿入］から目的のSketchUpファイルを開いても同様に操作できます。

03

表示されたモデルビューは、SketchUpファイルを保存したときのものです。ビューを変更したい場合はモデルビューを右クリックして表示されたメニューの [シーン] から、表示させたいものを選択します。

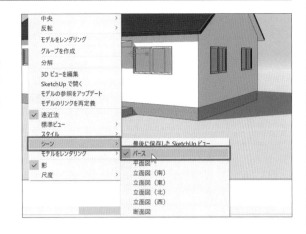

04

ビューの大きさは周囲にあるグリップをドラッグして調整できます。ビューを移動したいときはドラッグで移動するか、移動したい方向の矢印キーを押します。またビューをコピー&ペーストして、複数レイアウトすることも可能です。その際、各ビューは手順03の方法で変更できます。

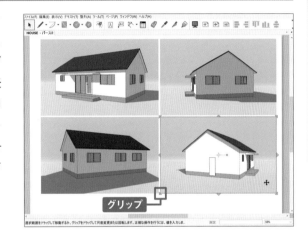

グリップ

memo　Shift キーを押しながらグリップをドラッグすると縦横比を固定したまま大きさの調整ができます。また、コピー&ペーストの代わりに Ctrl （Macは Option ）キーを押しながら移動しても、ビューを複製することができます。

05

[線] ツールや [テキスト] ツールで、枠を描いたり、文字を追加したりできます。

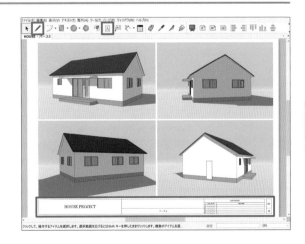

06 [ファイル] メニューの [印刷] を選択すると、印刷されます。[保存] すると拡張子「*.layout」のファイルとして保存されます。

C:/Users/.../デスクトップ/SKPBT120/HOUSE.layout
C:/Users/.../SKPBT120/HOUSE_work.layout

memo モデルデータだけでなく、[ファイル] メニューの [挿入] から、画像データ (*.png, *.jpg, *.pdfなど)、表データ (*.xlsx, *.csv)、CADデータ (*.dwg, *.dxf)、テキストデータ (*.txt, *.rtf) なども取り込めます。

HOUSE PROJECT

パース 2

---

column　SketchUpデータの更新を反映する

LayOutファイル内部には、挿入時のSKPファイルのコピーが外部参照として保存されます。このSKPファイルが更新された場合は、[ファイル] メニューの [ドキュメント設定] を選択して開く [ドキュメント設定] ダイアログの [参照] で更新することができます。ほかにもファイルが移動した場合の [再リンク] や [リンク解除]、[編集]、取り込んだが使用していない不要アイテムを[完全に削除] することもできます。なお、SKPファイルからLayOutへ直接モデルをコピー&ペーストすることもできますが、この場合は元のSKPファイルとの参照関係はなく、はじめからリンク解除された状態となります。

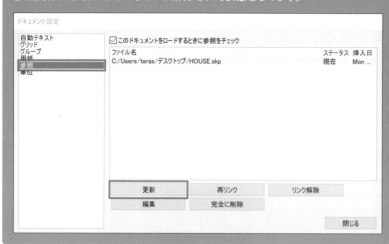

106

モデルを図面化する

SketchUpでもビューの調整による図面表現（P028）が可能ですが、「LayOut」を使えばCADのような図面がかんたんに作成できます。ここではシンプルな建物モデルをSketchUpのスタイルで平面図的な表現にし、LayOutで図面として必要な情報を付加する方法を紹介します。

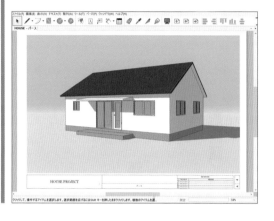

01

[断面] ツールバーの [断面平面] ツールをクリックします。Z軸に垂直な面 (地面またはモデルの水平面) をクリックして断面平面を設定し、[移動] ツールで平面図表現する位置まで移動します。

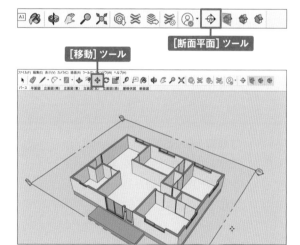

memo [断面平面] ツールをクリック後に ⬆ (上矢印) キーを押すと、Z軸に垂直な方向に固定できます。

02

[カメラ] メニューの [標準ビュー] ー [平面] を選択します。さらに [カメラ] メニューの [平行投影] を選択して、真上から見た表現 (P028) にします。[断面平面を表示] をオフにして非表示にします。

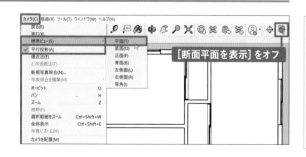

03 デフォルトのトレイの[スタイル]を開き、[編集]タブをクリックします。線画の図面らしくなるように スタイルを設定します。ここでは一例として次のように設定しています。

エッジの設定

背景の設定

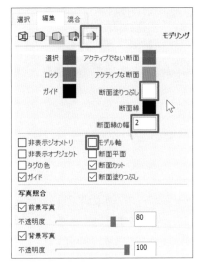

モデリングの設定

04 寸法線を描く準備として、SketchUp モデル内に寸法起点をガイドポイント（P086）で通り芯の位置に配置しておきます。

memo 2020バージョンからは、通り芯として配置したエッジ（線）をまとめてグループ化し、タグを割り当て、線種を一点鎖線にしておけば、LayOut側で線の色・太さ・破線のピッチの倍率等を変更できるようになりました。

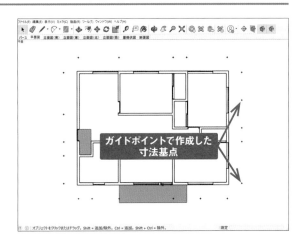

ガイドポイントで作成した
寸法基点

05

[全体表示] ツールをクリックして、平面図が中央にくるように表示します。デフォルトのトレイから [シーン] を開き、[シーンを追加] ボタンをクリックしてシーンを登録 (P200) します。

memo ここでは [名前] を「平面図」、影やフォグの表示を非表示にして、[保存するプロパティ] ですべての項目にチェックを入れています。

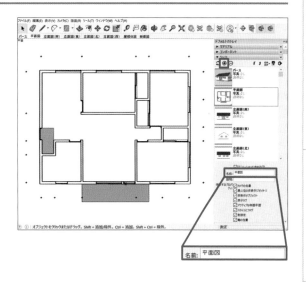

06

シーンを登録してデータを保存したら、[LayOutに送信] ツールをクリックして、LayOutを起動します。

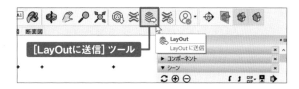

07

LayOutでテンプレートを選び、ビューを開きます。ビューを右クリックして、表示されたメニューから [シーン] − [平面図] を選択します。

memo ここでは図面枠のあるテンプレートを選択しています。初期設定では図面枠付きのテンプレートがないので、自分で設定する必要がありますが、その方法はここでは省略します。

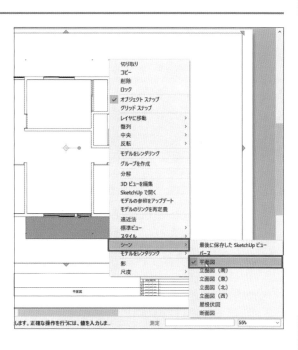

08 再びビューを右クリックして、[尺度] からを設定したい縮尺 (ここでは1/50) を選択します。

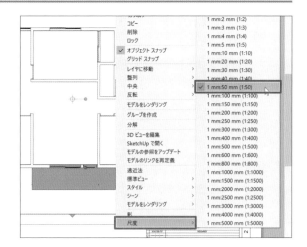

memo 初期設定で表示される尺度のリストにはインチやフィートなどの使わない尺度も含まれます。[編集] メニューの[環境設定] で開く[LayOutの環境設定] ダイアログの [縮尺] で、尺度の削除や追加ができます。

09 寸法を入力します。[寸法] ツールをクリックします。寸法基点の2点AB (ここではガイドポイント) をクリックして、3点目Cで寸法線を配置する位置をクリックします。続けて次の寸法基点Dをダブルクリックすると連続寸法の形で入力できます。

memo モデルを参照せずに入力した場合は用紙の実寸値となりますが、モデル内の端点を参照した場合は、モデル内の実寸が寸法値として表示されます。寸法線の書式は、デフォルトのトレイの[寸法スタイル] で設定できます。線や端部マーカーなどの部分的な書式は、寸法線をダブルクリックしてそれぞれの線を選択した状態でデフォルトのトレイの[形状スタイル] で設定できます。

10 [テキスト]ツールで部屋名、[円] ツールと[テキスト]ツールで通り芯記号などを入力したら、平面図の完成です。

memo LayOutでは1ファイルに複数のページをまとめて登録できます。作成した図面をページとして登録する場合は、デフォルトのトレイ(Macは[ウィンドウ]メニュー) の [ページ]を開き、ページ名をダブルクリックして名前を付けます。

column [ラベル] ツールでエンティティ情報を表示する

SketchUpで作成したモデルにテキスト情報を
付加しておくと、LayOutの [ラベル] ツールで
そのテキストを表示することができます。テキ
スト情報を付加できるのは、グループとコン
ポーネントです。これらを選択してデフォルトの
トレイの [エンティティ情報] を確認すると、
[インスタンス] という、ユーザーが自由に情報
を入力できるテキストボックスがあります。ここ
に入力した内容を [ラベル] ツールで表示でき
ます。
たとえば、SketchUpで屋根のグループを選択
し、[エンティティ情報] の [インスタンス] に、
屋根の仕上げ情報 (ここでは、「ガルバリウム
鋼板一文字葺き」) を入力しておきます。

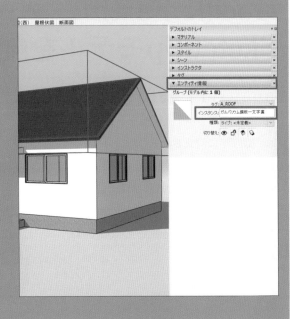

LayOutに送信したら、[ラベル] ツールで屋
根の部分をクリックして引き出し線を伸ばし、
適当な位置をクリックしてラベルを配置し
ます。
入力後テキスト部分を [選択] ツールでクリッ
クすると、現在参照している情報が表示されま
す。水色の三角形をクリックすると、表示可能
な情報がリストアップされるので、ここで表示
したい情報を選択します。

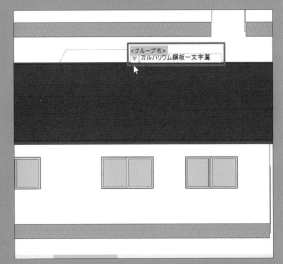

コンポーネントは [インスタンス] のほかに、作
成時に入力した [定義] 名と、[詳細属性] の
各項目が表示可能です。

Google Earthに
SketchUpモデルを配置する

旧バージョンに搭載されていたGoogle Earthに3Dモデルを直接転送するコマンドは、2017年に廃止されました。しかしながら、Google Earthで読み込み可能な形式（.kmz）にエクスポートする機能は残っているので、今でも3DモデルをGoogle Earth上に配置することは可能です。ここではその手順を説明します。

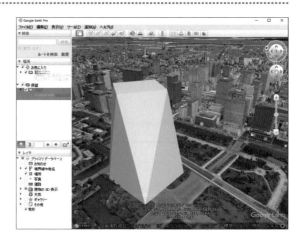

01 準備として、建物を配置したい場所の緯度・経度を調べてコピーしておきます。Google Mapで住所や地名などから場所を検索します。ブラウザのURLや右クリックメニュー［この場所について］などにある、カンマで区切られた2つの数値が緯度と経度です。

02 SketchUpで［ファイル］メニューの［ジオロケーション］－［場所を追加］を選択します。

memo このコマンドの操作ではサインインが必要です。サインインしていないと、右の画面が表示されて操作が中断されるため、あらかじめSketchUpにサインインしておくことをおすすめします。

03 [場所を追加] ウィンドウが開き、画像ビュー（DigitalGlobe）が表示されます。左上の検索欄に調べておいた場所の緯度・経度の数値をペーストして、[検索] ボタンをクリックします。配置したい場所（ここでは東京駅周辺）が表示されます。

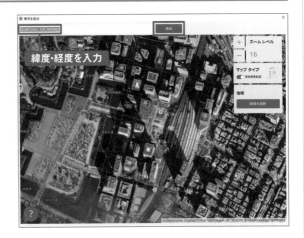

memo フリー版では、地図ビュー（Open StreetMap）が表示され、画像ビューへの切り替えはできません。また、以降の画像ビューを取り込む部分はフリー版ではできません。

04 [ズームレベル] を調整してSketchUpに取り込む範囲を決めます。[ズームレベル14] から、取り込み可能な最大範囲（約2km×2km）を示す白い正方形が表示されます。画面をドラッグして中心位置を決めたら [地域を選択] ボタンをクリックします。

memo [ズームレベル] は最大18までで、大きいほど画像の解像度が高くなります。[マップタイプ] は右のアイコンで地図ビュー（OpenStreetMap）と画像ビュー（DigitalGlobe）が切り替えられます。この画面にある[高解像度範囲] のスイッチは、おもに北米の主要都市を対象にした有料サービスです。

05 「画像プロバイダーを選択してください。→」と表示されたら [プロバイダーを選択] をクリックし、プルダウンメニューから [Digital Globe] を選択します。SketchUpのバージョンによってはこの画面は表示されません。

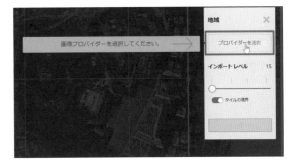

06

取り込む範囲を示す四角形の四隅に丸い点が表示されます。この点をドラッグすると、四角形内で取り込み範囲を調整できます。[インポート]ボタンをクリックします。

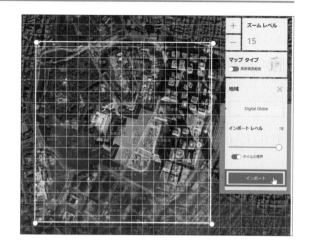

memo サブスクリプションライセンスでは[インポートレベル]が表示されます。このスライドバーをドラッグすると、[ズームレベル]はそのままで、より高解像度の画像にできます。その場合、グリッド表示が細分化され、テクスチャとして取り込まれる画像タイルの枚数が多くなります。

07

SketchUpの原点を中心として画像が取り込まれ、原点の緯度と経度の情報（ジオロケーション情報）がモデル情報として記録されます。

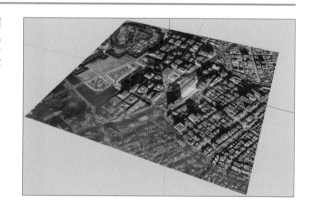

08

画像上の目的の場所に作成済みの3Dモデルを配置、または直接モデリングします。

memo 取り込み時点で非表示になっている「Location Terrain」というタグを表示すると、高低差のある地形のメッシュデータが「サーフェス」として取り込まれていることがわかります。これを表示すれば、地形の高低差に合わせた高さ方向の配置もある程度は調整可能です。

09　3Dモデルを配置し終えたら、[ファイル] メニューの [エクスポート] －[3Dモデル] を選択して、[モデルをエクスポート] ダイアログを表示します。保存先と [ファイル名] を指定して、[ファイルの種類] で[Google Earthファイル(*.kmz)] を選択します。[エクスポート] ボタンをクリックします。

10　Google Earthを起動します。本書ではデスクトップ版「Google Earth Pro」を使用します。手順 09 でエクスポートしたKMZファイルをGoogle Earthにドラッグ&ドロップするか、[開く] コマンドを実行して読み込みます。

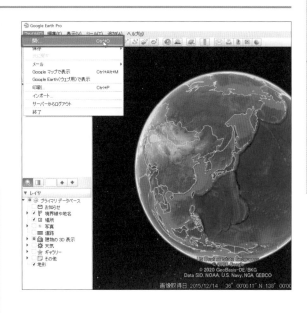

> **memo**　Google Earth Proはかつて年間$399のサブスクリプションでしたが、2020年11月現在、ウェブブラウザ版、iOS/Android版、デスクトップ版(Windows/Mac)ともに無料で公開されています。

11　データが読み込まれ、Google Earth上に3Dモデルが配置されました。

基本操作・表示・設定

モデルの作成

モデルの表現

SketchUp ベストテクニック120　実践テクニック

chapter 4

便利な拡張機能

Wordに3Dモデルを貼り付ける

モデリングしたデータをWordに対応しているFBXに変換すれば、Wordに3Dモデルを貼り付けられます。貼り付けた3Dモデルは動かすこともできるため、SketchUpを持っていない人でも手軽に3Dモデルを確認できます。

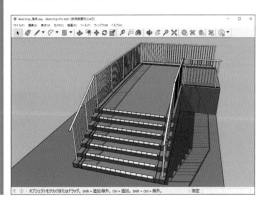 

01 [ファイル] メニューの[エクスポート] − [3Dモデル] を選択して、[モデルをエクスポート] ダイアログを開きます。ファイルの保存先と名前を指定して、[ファイルの種類] から[FBXファイル] を選択したら[オプション] ボタンをクリックします。[FBXエクスポートオプション] ダイアログが開くので、図のようにチェックを入れたら[OK] ボタンで閉じます。[エクスポート] ボタンをクリックします。

02 エクスポートが開始され、完了すると[FBXエクスポート結果] ダイアログが表示されます。[OK] ボタンをクリックしてダイアログを閉じます。指定した保存先にFBXファイルとマテリアルが格納された同名フォルダーが作成されます。

作成されたFBXファイルとフォルダー

03 Wordを開き、[挿入]タブの[図]パネルにある[3Dモデル]-[このデバイス]または[ファイルから]を選択します。[3Dモデルの挿入]ダイアログで、エクスポートしたFBXファイルを選択して[挿入]ボタンをクリックします。

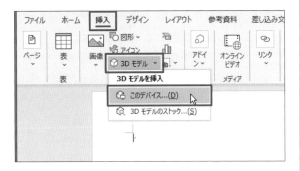

> **memo** Officeのバージョンによって、[3Dモデル]のサブメニューの表示が変わります。

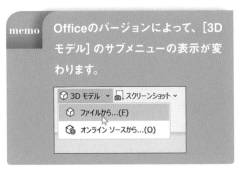

04 Wordに3Dモデルが挿入されます。バウンディングボックスのグリップを外側にドラッグして大きさを調整します。

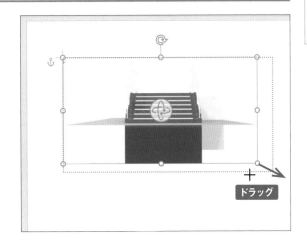

05 挿入した3Dモデルを選択していると表示される[3Dモデル]タブの[3Dモデルビュー]パネルで、18通りのアングルから表示を変えられます。ここでは[左上前面]を選択しました。

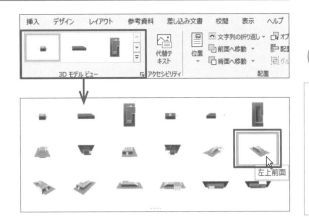

06 中央にある回転マークをドラッグしながら動かすと、オービットのように360度回転できます。[3Dモデル]タブの[サイズ]パネルにある[パンとズーム]をクリックすると、バウンディングボックスの右側に虫眼鏡マークが表示されます。虫眼鏡マークを上にドラッグするとモデルが拡大、下にドラッグすると縮小されます。

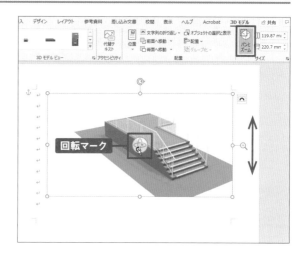

memo Wordのほか、ExcelやPowerPointなどのOffice製品なら、同様に貼り付けができます。これらは「Microsoft 365」(Microsoft Office 365) での操作です。旧バージョンのOfficeではできない場合もあります。

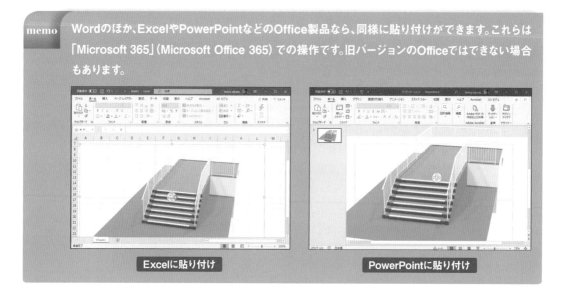

Excelに貼り付け　　　PowerPointに貼り付け

便利な拡張機能

拡張機能(Extension)を インストールする

拡張機能(Extension)をインストールする ことによって、SketchUp本体の機能だけで はできなかった操作が実行できる場合があ ります。ここでは「Extension Warehouse」 と海外のサイト「sketchUcation」から拡 張機能をインストールする方法を説明し ます。

※この項目以降、各拡張機能のインストール方 法は省略しています。

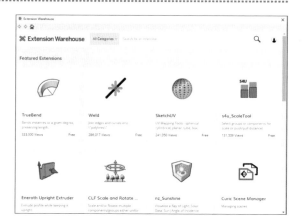

Extension Warehouseから入手する

「Extension Warehouse」はSketchUpの [Extension Warehouse] ツールからアクセスできます。

01 [Extension Warehouse] ツール をクリックします。

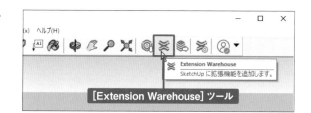

02 [Extension Warehouse] ダイア ログが開きます。デフォルトでは英 語表記になっています。画面を一番 下までスクロールし、右端の [English] をクリックして [日本語] を選択します。

memo 日本語を選んでも初期画面は英語 のままです。

03

画面を一番上までスクロールし、最初の表示に戻します。検索ボックスに拡張機能名の一部（ここでは「solar」）を入力すると、その文字を含む拡張機能名が表示されます。ここでは「solar north」をクリックします。

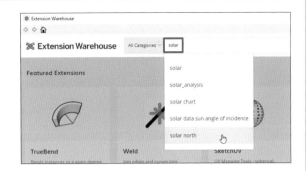

04

選択結果に表示された「Solar North」をクリックします。

05

クリックした拡張機能のページが開きます。[インストール] ボタンをクリックします。

memo 英語の利用規約が表示された場合には、P143のmemoを参照してください。

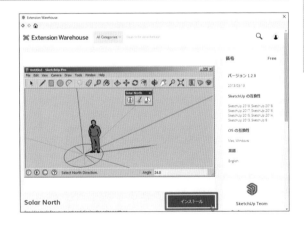

06

「この拡張機能は、あなたのOSやSketchUpのバージョンには未対応」と英語で表示される場合があります。これは問題ないので [Yes] ボタンをクリックします。

07 「この拡張機能をインストールしますか?」とメッセージが表示されます。[はい]ボタンをクリックすると、拡張機能がインストールされ、メッセージが表示されます。[OK]ボタンをクリックします。

08 [表示]メニューの[ツールバー]を選択して、[ツールバー]ダイアログを開きます。[ツールバー]タブで追加された拡張機能名(ここでは「太陽北」)にチェックを入れて、[閉じる]ボタンをクリックします。

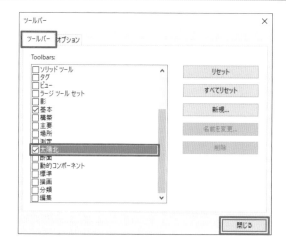

09 チェックを入れた拡張機能のツールバーが表示されます。

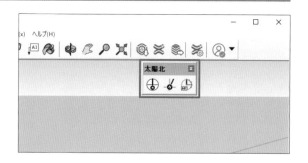

memo 拡張機能はツールバーだけでなく、メニューとして表示される場合もあります。

memo 拡張機能をアンインストールしたいときは、[拡張機能マネージャー]ウィンドウ(P228)の[管理]タブを選択します。表示された画面で削除したい拡張機能の[アンインストール]ボタンをクリックします。

sketchUcationから入手する

「sketchUcation」はSketchUpの拡張機能を多数提供している海外のサイトです。有償のものもありますが、本章では無償の拡張機能をいくつか紹介します（以下は2020年12月現在の情報です。ダウンロード方法や表示などが変更されている場合があります）。

01　ウェブブラウザを開き、「sketch Ucation」(https://sketchucation. com)にアクセスします。画面右上の [Login] ボタンをクリックしてユーザー名とパスワードを入力してログインします。

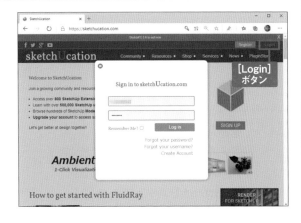

memo　「sketchUcation」で拡張機能をダウンロードする場合は、アカウントが必要です。アカウント登録は、手順01の [login] ボタンの左にある [Register] ボタンをクリックし、表示されたページの [Sign Up Here] ボタンをクリックします。ユーザー登録画面が表示されたら、必要事項を入力し、一番下の [Register] ボタンをクリックするとログイン状態になります。

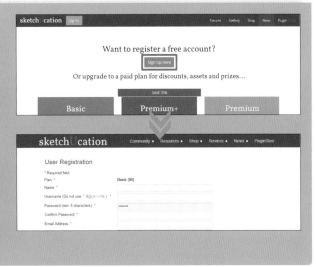

02　[PluginStore] をクリックします。

基本操作・表示・設定

モデルの作成

モデルの表現

実践テクニック

SketchUp ベストテクニック120 ● 便利な拡張機能

chapter 5

03 検索ボックスに拡張機能名（ここでは「RoundCorner」）を入力して、検索ボタンをクリックします。

04 検索結果が表示されます。インストールする拡張機能（ここでは「Fred06:RoundCorner」）の[Download]ボタンをクリックし、適当な場所に保存します。

05 ツールバーの[拡張機能マネージャー]ツールをクリックして、[拡張機能マネージャー]ウィンドウを開きます。

06 左下の[拡張機能をインストール]ボタンをクリックすると、[開く]ダイアログが開きます。ダウンロードした拡張機能のファイルを選択し、[開く]ボタンをクリックします。

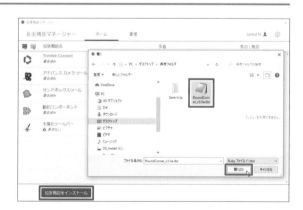

memo この拡張機能の場合、「LibFredo6」のインストールも要求されます。手順03～06と同様にしてインストールします。

07 インストールした拡張機能のツールバーが表示されます。

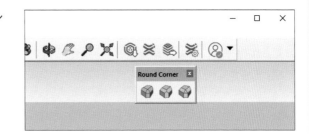

memo ツールバーが表示されないときはP224手順08の方法で表示させてください。[ツールバー]ダイアログにインストールした拡張機能名が表示されていない場合は、SketchUpを再起動してください。

動的コンポーネントを使う

「動的コンポーネント」は、ワンクリックで色やサイズを変更したり、パラメトリックにモデルを変形できるコンポーネントで、調整可能な添景として使えます。ここでは標準で用意されているサンプルの動作を例をあげて紹介します。

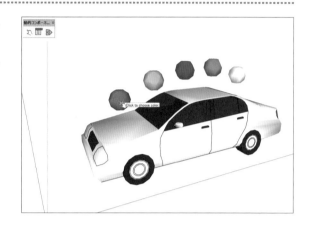

01 まず、[拡張機能マネージャー] ツールをクリックして [拡張機能マネージャー] ウィンドウを開き、[動的コンポーネント] を [有効] にします。ウィンドウを閉じたら、P224の方法で [動的コンポーネント] ツールバーを表示します。

[動的コンポーネント] ツールバー

---

memo 動的コンポーネントは標準の拡張機能として組み込まれていますが、もし見当たらない場合は下記よりダウンロードできます。

■入手先：Extension Warehouse

■拡張機能名：Dynamic Components

ALL　WINDOWS　MAC

Dynamic Comp...
Dynamic Components add parametric behaviors and animations.
47,262 Views　Free

SketchThis Kitc...
This is a plugin that allows you to browse and use an extens
262,630 Views　Free

Attribute Helper
Inspect and visualize nested attributes in SketchUp models.
23,255 Views　Free

burkhardt leitner

02

デフォルトのトレイから［コンポーネント］を開き、［選択］タブの［モデル内］の▼をクリックして、［コンポーネントサンプラー］を選択します。

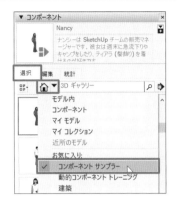

03

サンプルのコンポーネントが表示されます。動的コンポーネントには、アイコンの右下に緑のマークが付いています。任意の動的コンポーネントを選択し、モデル空間にクリックして配置します。

クリック

緑のマーク

04

人物や車のコンポーネントは、［動的コンポーネント］ツールバーの［動的コンポーネントとの対話操作］ツールで変更可能な部分をクリックすると、色などが変えられます。

［動的コンポーネントとの対話操作］ツール

■ Nancy

服や小物の色が変更できます。

■ セダン車

車体の色変更やドアの開閉ができます。

05 家具には［動的コンポーネント］ツールバーではなく、［尺度］ツールで大きさを変更できるものがあります。「ベンチ」は［尺度］ツールをクリックすると「赤の尺度」だけ表示されます。グリップの移動でベンチの幅を変えると、背もたれの桟の数も自動的に変更されます。

［尺度］ツール

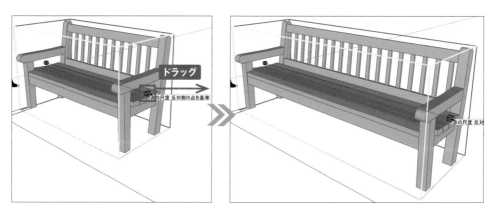

06 次は［コンポーネントオプション］ダイアログを使って変更してみます。ここでは［モデル内］の▼から選択した［動的コンポーネントトレーニング］にある「基本的な棚ユニット」をモデル空間に配置します。

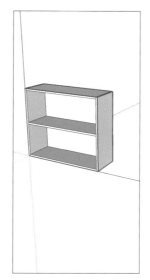

07 「基本的な棚ユニット」を選択して［動的コンポーネント］ツールバーの［コンポーネントオプション］ツールをクリックします。

［コンポーネントオプション］ツール

08

[コンポーネントオプション] ダイアログが表示されます。このコンポーネントでは [Material] (マテリアル) [Depth] (奥行) [Height] (高さ) [Width] (幅) [Thickness] (板厚) が変更可能です。それぞれを変更して[適用] ボタンをクリックします。

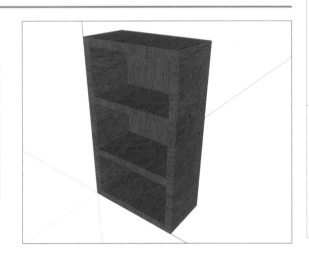

09

棚の色やサイズが変更されました。

memo [コンポーネントオプション] が使用できない動的コンポーネントには、[コンポーネントオプション] ダイアログに「このコンポーネントに関して選択できるオプションはありません。」と表示されます。

memo [動的コンポーネント] ツールバーの [コンポーネントの属性] ツールをクリックすると、選択したコンポーネントの詳細な属性が表示されます。ここを編集してオリジナルの動的コンポーネントをつくることも可能ですが、本書の範囲を超えるため説明は省略します。興味のある方は[コンポーネントの属性] ダイアログにある[入門ガイド] をクリックし、開いた英語ページを翻訳して読んでみてください。

[コンポーネントの属性] ツール

閉じた図形に面を作成する

「Eneroth Face Creator」を使うと、線だけで作成された閉じた図形に面を作成します。2D-CADから取り込んだデータに使うと便利です。

※この拡張機能はメニューに表示されるため、[ツールバー] ダイアログで表示設定する必要はありません。

■入手先：Extension Warehouse

■拡張機能名：Eneroth Face Creator

●[拡張機能] メニュー—[Eneroth Face Creator] を表示

---

01 [選択] ツールで面を作成したい閉じた図形の線を選択します。[拡張機能] メニューの [Eneroth Face Creator] を選択します。

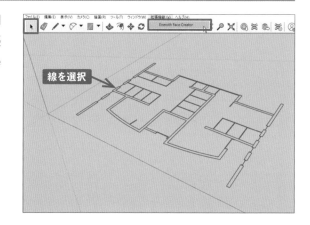

---

02 閉じた図形に面が作成されます。

> **memo** 形状によっては完全に面が貼られない場合もあります。そのときは [線] ツールなどで面を補ってください。

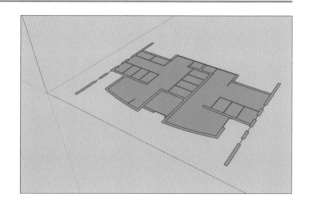

112

コンポーネントを線に沿ってコピーする

「PathCopy」を使うと、コンポーネント（またはグループ）を線に沿って複数コピーすることができます。線は直線でも曲線でもかまいません。

※この拡張機能はメニューに表示されるため、[ツールバー] ダイアログで表示設定する必要はありません。

■入手先：Extension Warehouse

■拡張機能名：PathCopy

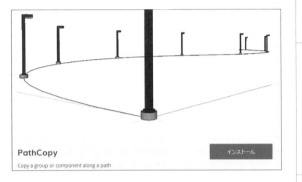

PathCopy
Copy a group or component along a path

●[拡張機能] メニュー－[PathCopy] を表示

---

01 [拡張機能] メニューの[PathCopy]を選択します。キーボードからコピーする間隔（ここでは「1000」）を入力して Enter キーを押したら、線を選択します。

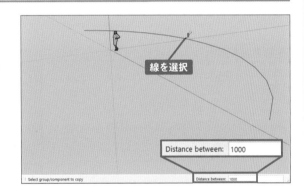

線を選択

Distance between: 1000

---

02 次にコンポーネントをクリックすると、線に沿って指定した間隔でコンポーネントがコピーされます。

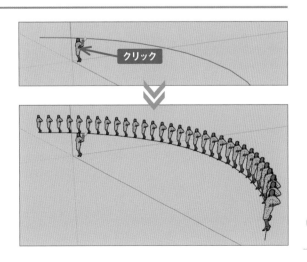

クリック

北方向を設定する

「Solar North」を使うと、北方向の表示や
設定ができます。

■入手先：Extension Warehouse

■拡張機能名：Solar North

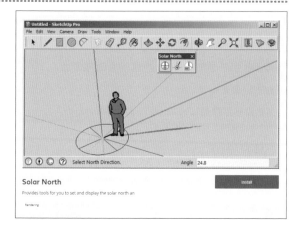

●[太陽北] ツールバーで表示

▓ 北方向を表示

 [北矢印の切り替え] ツール

ツールをクリックすると、北方向がオレンジ色
の線で表示されます。

memo ツール名は [北矢印の切り替え] と
なっていますが、北方向の線を表示
するだけで切り替えはできません。

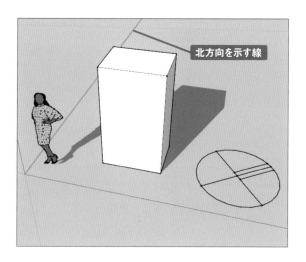

北方向を示す線

■ 北方向をクリックで設定

 [北設定ツール] ツール

あらかじめ北方向を示す記号を描いておきます。ツールをクリックします。

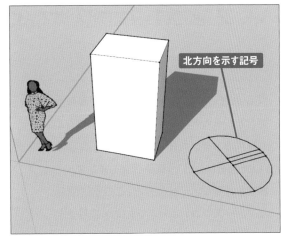

北方向を示す記号

基準点をクリックしてから、北方向をクリックすると、北方向が設定されます。

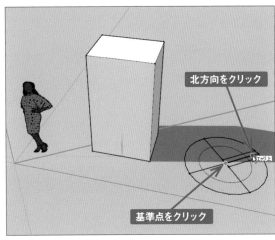

北方向をクリック

基準点をクリック

■ 北方向を角度で設定

 [北角度を入力] ツール

ツールをクリックすると [北角度を入力] ダイアログが開きます。[北角度] に角度を入力して [OK] ボタンをクリックします。

北角度を入力　　　　　　　×

北角度 (0-360) 54.8

OK　　キャンセル

> memo　初期設定で北方向を示す線（前ページの北方向を示す線）の位置が北角度の0°になります。

エッジやコーナーを丸くする

「RoundCorner」を使うと、丸み半径を指定してエッジやコーナーに丸みを付けることができます。「RoundCorner」のほか「LibFredo6」という拡張機能もインストールする必要があります。なお、この拡張機能はグループやコンポーネントには適用できません。

■入手先：sketchUcation

(https://sketchucation.com/)

■拡張機能名：RoundCorner、LibFredo6

●[Round Corner] ツールバーで表示

01　[選択] ツールで丸みを付けたい図形すべてを選択して、[Round Corner] ツールをクリックします。

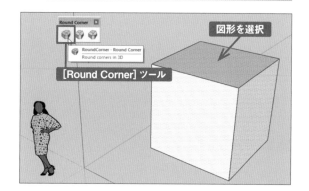

02　ツールバーの下にリボン状のさまざまな設定が表示されます。[Offset] の数値ボタン（ここでは「1000mm」）をクリックします。

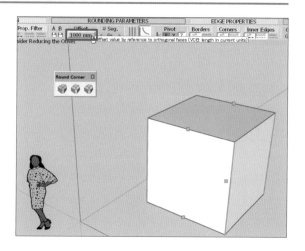

03
[Offset value] ダイアログが開くので、丸み半径を指定します。ここでは数値を「200」に変更して[OK]ボタンをクリックします。

04
オフセットの位置（丸みを付ける部分）が表示されます。**Enter**キーを押すと、すべてのエッジとコーナーが指定された丸み半径で丸くなります。

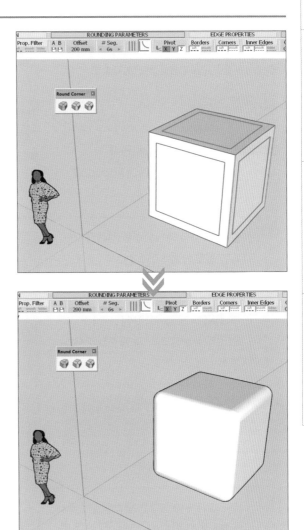

memo [Round Corner] ツールバーにある他のツールの役割は次のとおりです。

 [Sharp Corner] ツール：選択したエッジを指定したオフセット値（丸み半径）で丸くし、コーナーは丸くしたエッジを自動的に結合させます。

 [Bevel] ツール：選択したエッジとコーナーを指定したオフセット値（寸法）で面取りします。

複数の面をまとめて
プッシュ／プルする

「Joint Push Pull」を使うと、複数の面をまとめてプッシュ／プルできます。「Joint Push Pull」のほかに「LibFredo6」という拡張機能もインストールする必要があります。

■入手先：sketchUcation

（https://sketchucation.com/）

■拡張機能名：Joint Push Pull

Interactive、LibFredo6

● [Fredo6_JointPushPull] ツールバーで表示

01

Ctrl キーを押しながら [選択] ツールで複数の面（ここでは4つ）をクリックして選択します。[Fredo6_JointPushPull] ツールバーの左から3番目にある「J」が付いた [Joint Push Pull] ツールをクリックします。

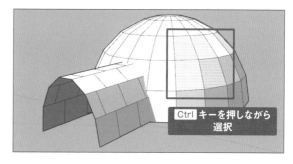

Ctrl キーを押しながら
選択

> **memo** ツールバーが表示されないときはSketchUpを再起動して下さい。

02

ツールバーの下に詳細な設定が表示されます。中央の [Offset] のボックスをクリックすると、[Offset value] ダイアログが開くので、厚みの数値（ここでは「300」）を入力して [OK] ボタンをクリックします。

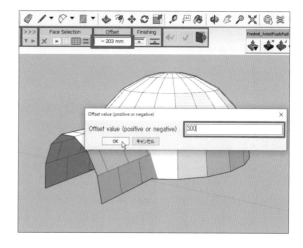

> **memo** [Offset] のボックスをクリックせずに、直接数値入力しても厚みを指定できます。

03

選択した複数の面がまとめてプッシュ／プルされました。

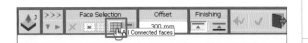

04

連続した面をすべて選択したい場合は、最初に面を選択せずに**01**の[Joint Push Pull] ツールをクリックし、設定の [Face Selection] から右から2番目の [All Connected faces] ボタンをクリックします。

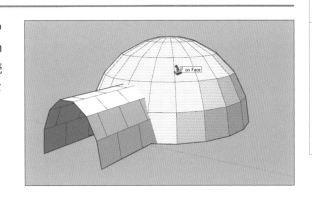

05

任意の面にマウスポインターを合わせる（クリックはしない）と、「on Face」と表示が出てその面に連続している面すべてがドットで表示されます。

06

クリックしてマウスを少し上に動かすと、選択された連続面のエッジが紫色に変わり、マウス移動によるフレキシブルなプッシュ／プルができます。再びクリックすると厚みが確定します。

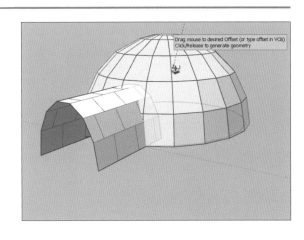

> **memo** 連続面すべてのプッシュ／プルも、手順**02**、**03**のように数値入力で厚みを指定できます。

SketchUp ベストテクニック120 ● 便利な拡張機能 chapter **5**

コンポーネントなどを
キー操作で回転させる

「Curic Rotate」を使うと、コンポーネント
などをクリック、またはキー操作で回転でき
ます。

■入手先：Extension Warehouse

■拡張機能名：Curic Rotate

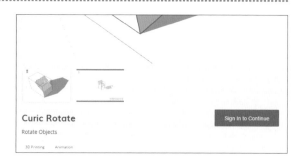

● [Curic Rotate] ツールバーで表示

---

01 任意のコンポーネントなどを選択
し、[Rotate Object] ツールをクリックします。赤緑青の軸が表示されるので、ここでは緑の軸をクリックします。

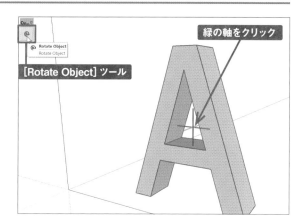

---

02 緑軸を中心に90°回転します。

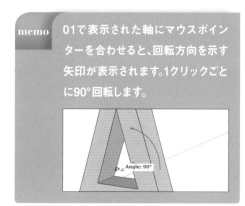

memo　01で表示された軸にマウスポインターを合わせると、回転方向を示す矢印が表示されます。1クリックごとに90°回転します。

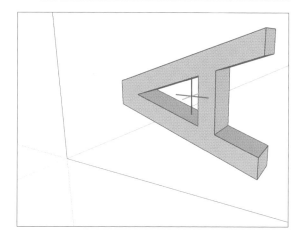

03

クリックの代わりに、矢印キーでも回転できます。任意のコンポーネントなどを選択し、[Rotate Object]ツールをクリックします。⬆（上矢印）キーは青軸、⬅（左矢印）キーは緑軸、➡（右矢印）キーは赤軸で回転します。ここでは⬆キーを2回押しました。

> **memo** 複数のコンポーネントなどを選択しても、同様に操作できます。

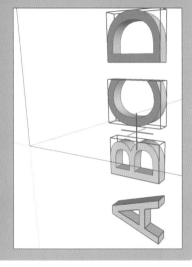

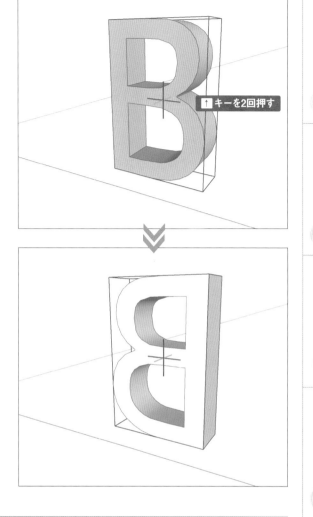

⬆ キーを2回押す

04

Shift キーを押しながら矢印キーを押すとオブジェクトの原点を中心に回転します。Ctrl キーを1回押すと回転コピーになります。ここでは Ctrl キーを押したあと、Shift キーを押しながら⬆キーを押す操作を3回繰り返しました。

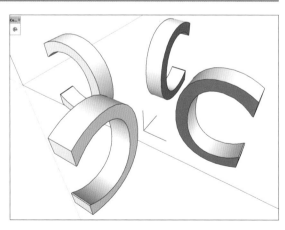

基本操作・表示・設定

モデルの作成

モデルの表現

実践テクニック

SketchUp ベスト・テクニック120

● 便利な拡張機能

chapter 5

コンポーネントなどを面に揃える

「Curic Align」を使うと、面を基準とした位置揃えができます。複数のコンポーネントを選択するとバウンディングボックスが表示されるため、そのボックスの面を基準に位置が揃えられます。

■入手先：Extension Warehouse

■拡張機能名：Curic Align

●[Curic Align] ツールバーで表示

01 複数のコンポーネントなどを選択し、[Align Object] ツールをクリックします。バウンディングボックスが表示され、ボックスの面にマウスポインターを移動すると青く表示されます。

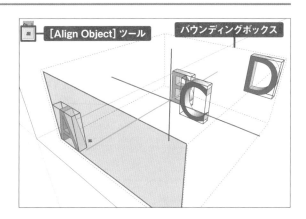

02 任意の面をクリックすると、選択したコンポーネントなどの位置がその面を基準に揃います。

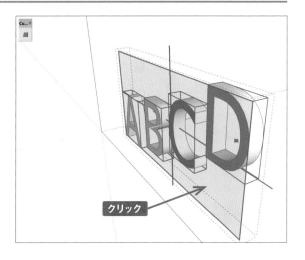

03

既存の面を基準に位置を揃えることもできます。面以外のコンポーネントなどを選択して[Align Object]ツールをクリックします。

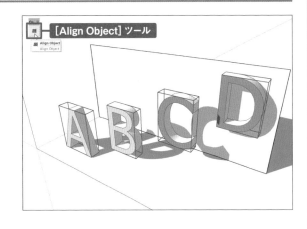

[Align Object] ツール

04

Shift キーを押しながら既存の面にマウスポインターを移動します。面が青く表示された状態でクリックすると、選択したコンポーネントなどの位置がその面に揃います。

memo 面に揃えず、ただ整列させるときは **Shift** キーを押す必要はありません。

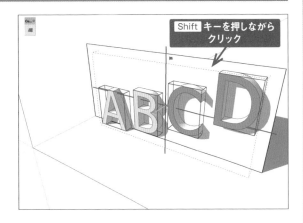

Shift キーを押しながらクリック

05

面も含めてすべて選択し、[Align Object] ツールをクリックすると、全体のバウンディングボックスが表示されます。内部の軸をクリックすると、その軸方向での芯揃えになります。

memo キーボードを使っても軸方向の芯揃えができます。軸をクリックする代わりに、← (左矢印) キーで緑軸の芯揃え、→ (右矢印) キーで赤軸の芯揃えになります。↑ (上矢印) キーで上揃え (青軸最大値揃え)、↓ (下矢印) キーで下揃えになります。

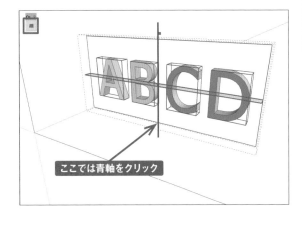

ここでは青軸をクリック

基本操作・表示・設定 ①

モデルの作成 ②

モデルの表現 ③

実践テクニック ④

SketchUp ベストテクニック120

● 便利な拡張機能

chapter 5

コンポーネントなどを
均等配列させる

「Curic Space」を使うと、作成済みのコンポーネントなどをワンクリックで均等配列させることができます。なお、この拡張機能はグループまたはコンポーネントで有効です。

■入手先：Extension Warehouse

■拡張機能名：Curic Space

Curic Space
To evenly space two or more selected elements

Drawing Tools   Interior Design   Architecture

●[Curic Space] ツールバーで表示

01

ここでは適当な間隔に並んでいる柱を等間隔に配列させてみます。柱をすべて選択して[Space Object]ツールをクリックします。赤緑青の軸が表示されます。ここでは赤軸をクリックします。

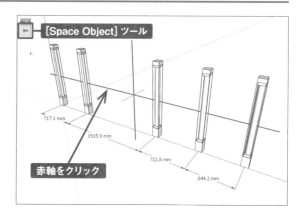

[Space Object] ツール

717.1 mm
1515.9 mm
722.8 mm
644.2 mm

赤軸をクリック

02

赤軸方向に等間隔に配列されました。

memo 軸をクリックすると、値制御ボックスが [Space] に変わります。ここに数値を入力すると、間隔を数値で指定して均等配置できます。

Space 600.0 mm

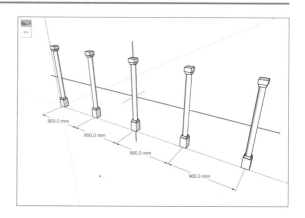

900.0 mm
900.0 mm
900.0 mm
900.0 mm

03
単体のコンポーネントなどを複製して均等配置することもできます。この機能を利用してコンポーネントを階段のように並べる方法を紹介します。適当な板状のコンポーネントをつくり、それを選択して［Space Object］ツールをクリックします。［Dupulicate］（複製数）ダイアログの［Number］に複製する数（ここでは「15」）と入力し、［OK］ボタンをクリックします。

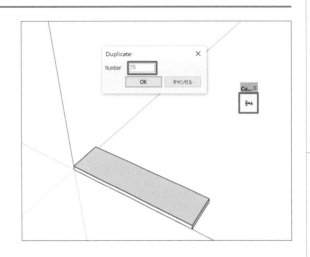

04
コンポーネントが同位置に15個複製され、赤緑青の軸が表示されます。青軸をクリックして値制御ボックスに「150」と入力し、 Enter キーを押します。

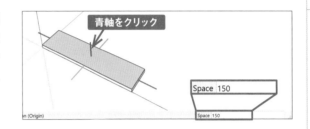

05
青軸方向に距離150で均等配置されます。次に緑軸をクリックして値制御ボックスに「300」と入力し、 Enter キーを押します。

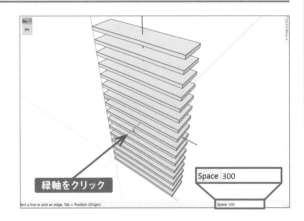

06
緑軸方向に距離300で均等配置されます。階段状に均等配置ができました。

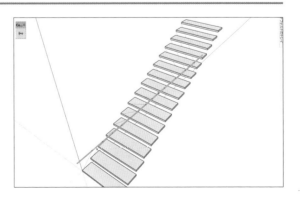

複雑な形状にタイルを割り付ける

「DropGC」は選択したコンポーネントなどを、下に配置した面図形にドロップする拡張機能です。複雑な形状にタイルを割り付けるのは大変ですが、これなら一瞬で配置できます。

※この拡張機能はメニューに表示されるため、[ツールバー] ダイアログで表示設定する必要はありません。

■入手先：Extension Warehouse

■拡張機能名：DropGC

●[拡張機能] メニューに [DropGC] で表示

01
ここでは面で作成したタイルを使用します。タイルは1枚ずつコンポーネントにし、軸を中心に配置します。これらをコピーして割り付け、配置する形状より大きな範囲で並べておきます。

> **memo** タイルに厚みを付ける場合は、接地面の中心に軸を配置します。

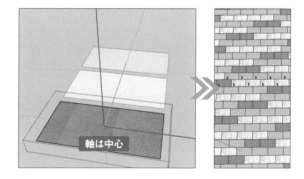

軸は中心

02
タイルの軸が境界より外側にあると割り付けされないので、配置する場所はタイルの寸法分だけ大きめの面をつくり、グループ化しておきます。

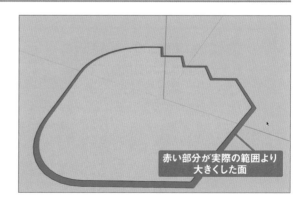

赤い部分が実際の範囲より大きくした面

03 並べたタイルをすべて選択し、[移動] ツールで配置する場所の真上に移動します。

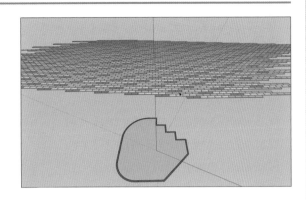

04 タイルがすべて選択された状態のまま、[拡張機能] メニューの [DropGC] を選択します。

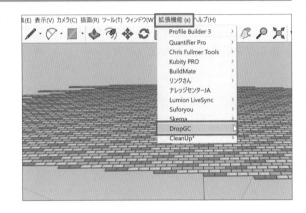

05 配置したい場所の中だけにタイルが落ちて割り付けされます。タイルの量や形、PCのスペックによっては少し時間がかかる場合があります。

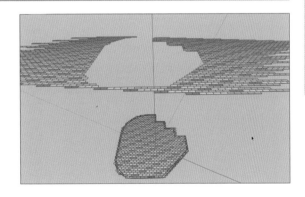

memo 配置する場所からはみ出したタイルがあれば、次の方法で処理します。まず、手順02で作成した大きめの面（赤い部分）を選択し、右クリックメニューの [面を交差] ー [モデルと交差] で面を削除します。元のラインが残るので、はみ出したタイルを1つずつ選択し、右クリックメニューの [分解] で分解しながら削除します。

線や面をつないで曲面状のグループを作成する

「Curviloft」を使うと、線や面をつないで曲面状のグループを作成することができます。「Curviloft」のほか「LibFredo6」という拡張機能もインストールする必要があります。

■入手先：sketchUcation

（https://sketchucation.com/）

■拡張機能名：Curviloft、LibFredo6

●[Curviloft] ツールバーで表示

▓ 2つの曲線をつなぐ面を作成

[Loft by Spline]ツール

上下（垂直）に配置した2つの曲線を選択してツールをクリックすると、上下の曲線をつなぐ面が作成されます。 Enter キーを押すと形状が確定します。

memo 上下に配置する曲線は直方体の上下の面に [円弧] ツールなどで作成し、曲線以外を削除します。

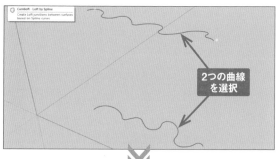

2つの曲線を選択

[Loft by Spline] ツール

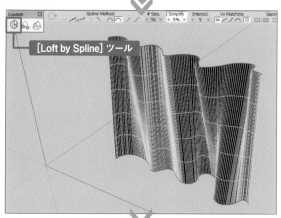

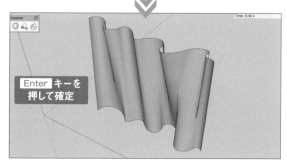

Enter キーを押して確定

■ 曲線に沿って2つの面をつなぐグループを作成

 [Loft along path] ツール

2つの面とそれをつなぐ曲線を選択してツールをクリックすると、曲線に沿って2つの面をつないだグループが作成されます。 Enter キーを押して確定します。

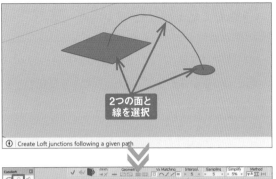

2つの面と線を選択

ⓘ Create Loft junctions following a given path

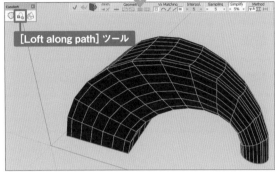

[Loft along path] ツール

■ 曲線をつなぐ膜を作成

 [Skin Contours] ツール

膜を張りたい曲線を含むすべての線を選択してツールをクリックすると、線をつなぐ膜が作成されます。 Enter キーを押して確定します。

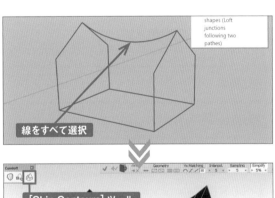

shapes (Loft junctions following two pathes)

線をすべて選択

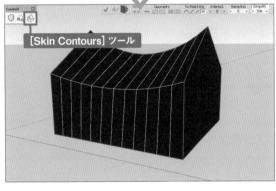

[Skin Contours] ツール

memo いずれのツールも画面上部にリボン状の設定項目が表示されます。ここにある[Geometry]の各ボタンをクリックすると、面の形状をメッシュ状などに変更できます。

Geometry

基本操作・表示・設定

モデルの作成

モデルの表現

実践テクニック

SketchUp ベストテクニック120

便利な拡張機能

chapter 5

SketchUpのショートカットキー

初期設定で既定されている代表的なSketchUpのショートカットキーを紹介します。P022の方法を使えば、オリジナルのショートカットキーを登録できます。

内容	キー操作	
	Windows	**Mac**
新規	Ctrl+N	command+N
開く	Ctrl+O	command+O
保存	Ctrl+S	command+S
印刷	Ctrl+P	command+P
コピー	Ctrl+C	command+C
切り取り	Ctrl+X	command+X
貼り付け	Ctrl+V	command+V
元に戻す	Ctrl+Z	command+Z
やり直し	Ctrl+Y	Shift+command+Z
すべて選択	Ctrl+A	command+A
すべて選択解除	Ctrl+T	Shift+command+A
選択を反転	Ctrl+Shift+I	Shift+command+I
全体表示	Shift+Z	Shift+Z
選択範囲をズーム	Ctrl+Shift+W	command+]
アニメーション 次のシーンへ	PageDown	(なし)
アニメーション 前のシーンへ	PageUp	(なし)
[選択] ツール	スペース	スペース

[消しゴム] ツール	E	E
[線] ツール	L	L
[長方形] ツール	R	R
[円] ツール	C	C
[2点円弧] ツール	A	A
[移動] ツール	M	M
[プッシュ/プル] ツール	P	P
[回転] ツール	Q	Q
[尺度] ツール	S	S
[オフセット] ツール	F	F
[メジャー] ツール	T	T
[ペイント] ツール	B	B
エッジスタイル 背面エッジ	K	K
コンポーネント作成	(選択後) G	(選択後) G
[ズーム] ツール	Z	Z
[パン表示] ツール	H	H
[オービット] ツール	O	O
＜マウスによる画面操作＞		
オービット	ホイールボタン＋ドラッグ	ホイールボタン＋ドラッグ
パン表示	ホイールボタン＋Shift＋ドラッグ	ホイールボタン＋Shift＋ドラッグ
パン表示（画面中央移動）	ホイールボタンのダブルクリック	ホイールボタンのダブルクリック
拡大／縮小	ホイールボタンのスクロール	ホイールボタンのスクロール

index

index

送付先FAX番号▶03-3403-0582　メールアドレス▶info@xknowledge.co.jp
インターネットからのお問合せ▶http://xknowledge-books.jp/support/toiawase

FAX質問シート

SketchUpベストテクニック120

以下を必ずお読みになり、ご了承いただいた場合のみご質問をお送りください。

- ●「本書の手順通り操作したが記載されているような結果にならない」といった本書記事に直接関係のある質問にのみご回答いたします。「このようなことがしたい」「このようなときはどうすればよいか」など特定のユーザー向けの操作方法や問題解決方法については受け付けておりません。
- ●本質問シートでFAXまたはメールにてお送りいただいた質問のみ受け付けております。お電話による質問はお受けできません。
- ●本質問シートはコピーしてお使いください。また、必要事項に記入漏れがある場合はご回答できない場合がございます。
- ●メールの場合は、書名とFAX質問シートの項目を必ずご記入のうえ、送信してください。
- ●ご質問の内容によってはご回答できない場合や日数を要する場合がございます。
- ●パソコンやOSそのもの、ご使用の機器や環境についての操作方法・トラブルなどの質問は受け付けておりません。

ふりがな

氏名　　　　　　　　　　　　　　　　　　　年齢　　　　歳　　　性別　**男・女**

回答送付先(FAX番号またはメールアドレスのいずれかをご記入ください)

FAX　・　メール

※送付先ははっきりとわかりやすくご記入ください。判読できない場合は回答いたしかねます。※電話による回答はいたしておりません

ご質問の内容(本書記事のページおよび具体的なご質問の内容)
※例) 2-1-3の手順4までは操作できるが、手順5の結果が別紙画面のようになって解決しない。

[本書　　　　　ページ　〜　　　　　ページ]

ご使用のパソコンの環境

パソコンのメーカー名・機種名、OSの種類とバージョン、メモリ量、ハードディスク容量など(質問内容によっては必要ありませんが、環境に影響される質問内容で記入されていない場合はご回答できません)

◆ 著者

山形 雄次郎(やまがた ゆうじろう)

1958年福井県生まれ。大阪大学工学部建築工学科卒業。一級建築士。株式会社ヤマガタ設計 代表取締役。日本BIM普及センター 代表。東京都キャリアアップ講習 Revit講師。著書に『SketchUpベストテクニック100』(エクスナレッジ)、『AutodeskRevitではじめるBIM実践入門』『作って覚えるSketchUpの一番わかりやすい本』(技術評論社)などがある。

◆ 執筆協力

スケッチアップ・ユーザーグループ

丹波 伸郎(たんば のぶお)
スケッチアップ・ユーザーグループ代表。株式会社奥山 設計部にて建築施工図業務を担当。SketchUp認定トレーナー。

(以下、五十音順)

磯邉 ひろみ(いそべ ひろみ)
株式会社田浦組 工事部 CIM推進室勤務。土木・建築の3Dモデリング・映像製作業務を担当。

木村 華(きむら はな)
株式会社 HK STYLE 代表取締役。主な業務は建築BIM・3Dモデリング・パース・VR・AR映像制作など。

津田 正之(つだ まさゆき)
アルコデザイン有限会社 代表。主な業務は建築内装の企画・デザイン・3Dモデリング・パース製作など。

寺澤 任弘(てらさわ たかひろ)
ARCHITECT 7／寺澤一級建築士事務所 代表。芝浦工業大学建築学部非常勤講師(BIM演習)。SketchUp認定トレーナー。

萩原 卓児(はぎはら たくじ)
萩原タクジデザイン事務所／3D MIERUKA 主催。主な業務は映像制作・美術監督など。

SketchUp ベストテクニック 120

2021年4月3日　初版第1刷発行

著者 ·················· 山形雄次郎＋スケッチアップ・ユーザーグループ
発行者 ··············· 澤井聖一
発行所 ··············· 株式会社エクスナレッジ
　　　　　　　　　〒106-0032　東京都港区六本木7-2-26
　　　　　　　　　https://www.xknowledge.co.jp/
●問合せ先
編集 ·················· TEL 03-3403-5898　FAX 03-3403-0582
　　　　　　　　　e-mail : info@xknowledge.co.jp
販売 ·················· TEL 03-3403-1321　FAX 03-3403-1829

[本書記事内容に関するご質問について]
本書記事内容についてのご質問は電話では受付/回答できません。本書255ページをご覧ください。